Sylvia Loretan   Steinreiches Leben

SYLVIA LORETAN

Steinreiches Leben

Das Abenteuer, Hüttenwartin zu sein

Blaukreuz-Verlag Bern

Für Fritz und Fritz

6.—9. Tausend 1982

© by Blaukreuz-Verlag Bern 1981
1. Umschlagseite: Fründenhütte mit Fründenhorn (Foto Gyger, Adelboden)
4. Umschlagseite: Abend bei der Fründenhütte (Foto Dölf Reist)
Umschlaggestaltung: Wilhelm Gerber
Satz und Druck: G. Maurer AG, Spiez

ISBN 3 85580 127 4

Der Hüttenwart

Unter den Hüttenwarten, das werden die Alpinisten mir bestätigen, sind im besonderen «die Bösen» bekannt. Es sind jene, die mit donnernder Stimme und in die Hüfte gestemmten Armen den Besuchern ihre Hüttenordnung in die Ohren brüllen, gar mit «Holztschuggen» nach müden Alpinisten schmeißen, um so kleine oder größere Vergehen sofort zu bestrafen. Es sind jene, die sich morgens um zwei Uhr in den Schlafräumen aufpflanzen, «hallo wach» schreien, um dann, wenn die verschlafenen Gestalten sich aus einem Gewühl von Wolldecken herausgebuddelt haben, zu sagen: «Aber es regnet in Strömen, ihr könnt weiterschlafen.»

Es sind jene, die alpine Ratschläge wie Kostbarkeiten verteilen und auch nur dann, wenn der Fragesteller es versteht, mit viel Geduld eine günstige Gelegenheit abzuwarten. Tut er das nicht, bekommt er etwa folgende Dinge zu hören: «Lesen Sie doch den Führer — bleiben Sie zu Hause, wenn Sie Ihre Route nicht kennen — machen Sie, was Sie wollen» und anderes mehr.

Aber habe man Verständnis für solch knorrige Brummbären, denn so ein Hüttenwart hat gar vielergattung Gäste zu beherbergen, erlebt gar manches, und darüber versuche ich zu berichten.

Mitte Juni steigen wir jeweils zum erstenmal in unsere Hütte, in die Fründenhütte, welche sich hoch über dem Oeschinensee, oberhalb Kandersteg, befindet.

In diesem Frühsommer mußten wir uns durch einen enormen Schneeberg hindurchkämpfen, im oberen Teil war vom Hüttenweg noch keine Spur zu sehen.

Als wir zur Hütte gelangten, ließ nur das Dach das darunter befindliche Haus erahnen. Jetzt, auf der Suche nach diesem, konnten wir erst ermessen, wie tief der Schnee noch lag. Auf dem Hüttenweg wanderten wir darüber hinweg, der Schnee war gefroren und trug uns noch. Hier aber, vor der Hüttentür stehend, die auch nur zu erahnen war, packte mich eine große Ratlosigkeit. Selbst mein Schwiegervater, dessen Beruf es ist, im Winter gegen Schneemassen anzukämpfen, war von diesem Schneeungetüm beeindruckt. Er stopfte sich erst mal eine Pfeife und paffte dann: «Eine Schaufel sollte man haben!»

Eine Schaufel — ja, das fand auch ich, wäre angebracht. Aber selbst die Schaufel, die wir im Vorjahr vor unserem Abstieg oberhalb der Hüttentür angebracht hatten, war nicht zu sehen. So versuchten wir, den Schnee niederzutrampeln, mit Füßen zu treten. Ich war deprimiert und glaubte nicht daran, daß die Sonne je diesen Schneeberg abzutragen vermöchte.

Endlich hatten wir die Schaufel herausgekratzt, es ging vorwärts, und ächzend öffnete sich die Hüttentür. Eine eisige Kälte strömte uns entgegen, es war drinnen viel kälter als draußen. Am liebsten wäre ich wieder nach Hause gegangen. So jeglicher Einladung bar, frostig alles, was man anfaßte, selbst die «Endenfinken», auf welche mein Blick als erstes fiel, kamen mir vor wie Gebilde aus der Eiszeit, ohne jede Verwendung. Besonders die alltäglichen Dinge sahen komisch aus. Abwaschmittel, das wie hundertjährig auf dem Fensterbrett stand, Zahnpasta, die noch vom Vorjahr am Becher klebte, eine Brotkruste, die wie eine Versteinerung auf dem Küchentisch lag, wohl zurückgelassen vom letzten Hüttenbesucher. Daneben eine Kaffeetasse, der Löffel noch drin, ein Paar vergessene Hausschuhe unter dem Tisch. Es sah aus, als hätten irgendwelche Gespenster nach unserem Abstieg hier weitergehaust und die Hütte erst kurz vor unserer Ankunft in Eile verlassen. Weiß war unser Atem sichtbar, wie in einem Geisterhaus, jedes Möbelstück in Kälte erstarrt, leblos — unwirklich.

Erst als Fritz im Herd ein Feuer entfachte, kam etwas Leben in die starre Frostigkeit. Das Knistern im Herd verbreitete das Gefühl von Wärme, die Hütte begann zu leben, begann wieder zu atmen und ich mit ihr.

Es blieb keine Zeit, weiter zu spintisieren, denn am andern Tag erwarteten wir den Helikopter, der unsere Nahrungsmittel, Getränke und Holz in die Höhe brachte. Ein Platz mußte freigeschaufelt werden, damit er die prallvollen Netze abladen konnte, zum Keller wurde ein Kanal und zum «Holzschärm» ein Zugang gegraben. Wie die Maulwürfe wühlten wir alle drei, sahen einander schon bald nicht mehr, jeder verschwand in seinem eigenen Graben. Mein Schwiegervater rückte am schnellsten voran. Er schaufelte nicht, sondern sägte große Blöcke aus dem Schneeberg, schob die «Schneehexe» darunter und warf den Schnee am Stück beiseite.

Mit knarrendem Lärm erschien tags darauf der Helikopter und warf die Ware vor unserer Hütte ab. Emsig wie die Ameisen schleppten wir alles durch die Schneegänge an ihren Bestimmungsort. Wer den falschen Gang erwischte, verfehlte auch sein Ziel. So oder ähnlich müßte es sein, unter den Eskimos zu hausen, ging es mir durch den Sinn.

Jetzt mußte das Holz für den Ofen gehackt werden. Das wird meistens von meinem Schwiegervater besorgt. Mit längst erloschener Pfeife im Mund schlägt er mit dem Beil auf die Klötze ein, daß diese sich teilen wie unter Zauberhand.

Auf dem Herd standen große Pfannen mit Schnee gefüllt, damit wir das Lebensnotwendigste, Wasser, hatten. Wenn die Tage wärmer werden, sammeln wir das Wasser in einem Reservoir und können es mit einer Pumpe direkt in die Hütte und dort in einen Tank pumpen.

Trotzdem: Alles was zum Leben nötig, wie Wärme, Wasser, Nahrung, erhält in einer so hoch gelegenen Hütte wieder seinen ursprünglichen Wert, da alles erst erarbeitet werden muß! Daran muß ich mich jeden Sommer wieder neu erinnern, muß es neu akzeptieren lernen.

Langsam wurde es in der Hütte wärmer, langsam lebte man sich ein. Die Fahnen wurden gehißt, immer ein feierlicher Augenblick. Sie flattern zum Zeichen: «Der Hüttenwart ist wieder da!»

Allein sein kann man auf mancherlei Art. Allein sein in einer Straße voll dahineilender Menschen, allein in einer Gruppe Plaudernder, oder da gibt es das stolze, erbauende Alleinsein auf einem erklommenen Gipfel, das traurige Alleinsein des Verlassenen; unter vielen Formen von Alleinsein gibt es das Alleinsein in einer abgelegenen Berghütte, und davon will ich berichten.

Es war anfangs Sommer, noch keine Alpinisten waren zu erwarten, und Fritz meldete sich für drei Tage ab, denn unser Hund mußte zum Tierarzt, und es warteten noch andere Besorgungen auf Erledigung. Ich begleitete ihn ein Stück des Weges, beteuerte noch einmal, alleingelassen keine Angst zu haben, verabschiedete mich, und schon nach ein paar Sekunden verschluckte der Nebel Fritz samt Hund — ich war allein.

Nun, die Hütte mußte geputzt werden. Voller Tatendrang krempelte ich die Ärmel hoch, entschlossen, den Erwartungen an eine Hüttenwartin gerecht zu werden, entschlossen auch, für ängstliche Gedanken keine Zeit zu haben.

Einen kurzen Moment blieb ich in der Hütte stehen, sah, wie der dicke Nebel an den Fenstern klebte und hörte nur das laute Ticken der alten Wanduhr: «Tick — tack, tick — tack...»

Ich hatte dieses Ticken nie gemocht, vertrug nur schlecht, mit welcher Aufdringlichkeit die alte Wanduhr es verstand, mich an die zerrinnende Zeit zu erinnern. Geradezu dröhnend war jetzt das Ticken zu vernehmen, und im Takt schwang das Uhrenpendel hin und her, hin und her, gleichmäßig, gleichgültig, gelangweilt, aufreizend!

«Einfach lächerlich, mich jetzt über diese Uhr auf-
zuhalten», sprach ich zu mir selber, füllte meinen
Putzeimer mit Wasser und pfiff ein verkrampftfröhli-
ches Liedchen. Zwar nahm sich dieses sehr erpreßt
aus, aber immerhin, es wurde gepfiffen.

«Haben wir nicht noch ein kleines Transistor-
radio?» Erleichtert erinnerte ich mich daran und eilte,
um es zu holen. Schon vernahm ich eine fremde Stimme, die irgend etwas erzählte, irgend etwas, was, war
nicht wichtig, ich war dankbar, denn in Gesellschaft
eines Radios ist man nicht mehr allein, das heißt, man
ist anders allein.

Als es draußen langsam dunkler wurde, der Nebel
schwarz-grau ums Haus schlich, betrachtete ich mein
Arbeitspensum als erfüllt, schloß mich in der Küche
ein und entfachte ein Feuer im Herd. Lustig prasselte
dieses, und als meine Suppe einen wohlriechenden
Duft verbreitete, war ich geradezu stolz, im Rückblick
auf meinen furchtlos verbrachten Tag und darauf, wie
gemütlich ich es jetzt mit mir selber haben konnte.

Doch plötzlich verstummte das kleine Radio — nur
noch ein krächzendes Rauschen war zu vernehmen.
Wie irr schüttelte und rüttelte ich den rauschenden Ka-
sten, wollte ihm mit Gewalt noch ein paar Töne ab-
würgen. Doch das Rauschen war das einzige, was das
Radio noch von sich gab, und so ließ ich es rauschen,
— wenigstens das!

Plötzlich hatte ich den Verdacht, meine Armband-
uhr ginge nicht mehr richtig, noch nie zuvor war mir
eine genaue Uhrzeit wichtig, aber in dieser Abgeschiedenheit wollte ich wenigstens dieselbe Uhrzeit haben
wie die übrige Menschheit. Ich starrte auf die alte
Wanduhr, diese war verstummt, die Zapfen hingen un-

ten, die Zeiger waren nicht mehr bereit, sich zu bewegen. So rief ich die telefonische Zeitangabe an, um diese Nebensächlichkeit abzuklären — meine Uhr ging genau!

«Nein, ich lasse mich hier doch nicht ins Bockshorn jagen», versuchte ich mich selber zu beruhigen und kroch bald schon in die Federn. Lesend bemühte ich mich, nicht nach draußen zu lauschen, was mir nur mit sehr viel List gelang und dann zunehmend weniger. Zuerst war es nur ein leises, zaghaftes Lüftchen, das spielerisch die Fensterladen bewegte, dann aber wurde der Wind immer stärker, und bald schon rüttelte er gehässig an allem, was nicht niet- und nagelfest war. Oh diese knackenden, knallenden, schallenden Laute verstanden es aufs beste, meine Phantasie mit Bildern des Schreckens zu erfüllen, und schon bald waren es ganze Horden von Bösewichten, die mit Gewalt sich Einlaß in die Hütte verschaffen wollten. Was war das für ein pfeifendes Getose! Würde ich jetzt sagen: «Ich habe Angst gehabt», wäre das sehr untertrieben. Die Bezeichnung «Angst» wird meiner damaligen Empfindung nicht gerecht! Beinahe sicher, den nächsten Tag nicht mehr zu erleben, kroch ich zitternd unter meine Bettdecke, nicht nur bis zur Nasenspitze — nein, ich zog mir die Decke über den Kopf. So, dachte ich, würde keiner mich sehen; ich spielte ganz einfach «nicht da!»

Warum ich endlich doch einschlummerte, weiß ich nicht, jedoch muß ich einmal doch eingeschlafen sein, denn als ich erwachte, graute schon der Tag.

Etwas mutiger geworden, kroch ich aus den Federn, entschlossen, nachzusehen, ob sich nicht doch des Nachts jemand in die Hütte eingeschlichen hätte.

Auf leisen Sohlen durchquerte ich die Küche, und da — erschrak ich zutiefst! Hinter dem Küchenfenster bewegte sich eine ebenso schleichende, lauernde Gestalt. Zur Salzsäule erstarrt, knipste ich zitternd meine Taschenlampe aus und wartete — wartete, auf weiß ich nicht was.

Erst nach geraumer Zeit zwang ich mich, wieder zum Fenster hinzusehen, darauf vorbereitet, Schauderhaftes zu erblicken, sah aber statt dessen gar nichts und erinnerte mich verstört, daß die fremde Gestalt mir doch irgendwie ähnlich sah: Trug sie nicht auch einen Pyjama wie ich? Einen ermutigenden Verdacht schöpfend, knipste ich zitternd meine Taschenlampe wieder an, und da — erschien auch sogleich die Gestalt hinter dem Fenster wieder. Diese war mir in der Tat sehr ähnlich, und entsetzt starrte ich in mein entsetztes Gesicht! Manch einer hätte wohl vor Erleichterung laut gelacht, ich aber kroch mit schwammigen Knien zurück in mein Bett.

Als ich erneut erwachte, lugte die Sonne gerade über einen Berggipfel und kündete einen warmen Sommertag an. Wie anders doch alles bei Sonnenlicht aussieht! dachte ich und trat ins Freie. Die Umgebung erschien mir nach dieser angstvoll verbrachten Nacht unwirklich, entrückt; selbst die Sonne schien mir spöttisch zuzublinzeln.

Mit einer Auftragsmiene hängte Fritz den Telefonhörer auf die Gabel und teilte mir freudig mit:

«Soeben hat sich eine Sektion angemeldet, 21 Personen, mit Nachtessen und Frühstück.»

«Schön, was aber gedenkst du für die 21 Personen zu kochen?» Mit dieser Frage dämpfte ich seine Freude.

«Es gibt für mich nichts anderes, als ins Tal zu gehen, um Fleisch zu holen.»

Es gab wirklich nichts anderes, denn über vorrätiges Fleisch verfügten wir nicht.

Unverdrossen machte sich Fritz auf den Weg, versprach, am Abend wieder zurück zu sein, und so war es auch. Als er aber mit seinem beladenen Rucksack wieder in der Hütte eintraf, wartete eine ungute Nachricht auf ihn. Die Sektion hatte ihre Tour der zweifelhaften Witterung wegen um eine Woche verschoben. Das war verständlich. Wir aber hockten nun da mit 21 Koteletten auf dem Tisch, wußten nicht, sollten wir sie vor Wut allesamt auf einmal essen — oder was?

«Oh, ich weiß, was wir machen», Fritz hatte plötzlich eine Idee. «Wir hängen das Fleisch ganz einfach in eine Gletscherspalte.»

Gesagt, getan. Wir frohlockten geradezu über diesen genialen Einfall. Das Fleisch verschwand in einem Plastiksack, ein Seil wurde daran gebunden, und Fritz stapfte mit dem geschulterten Sack gletscheraufwärts. Bei einer geeigneten Spalte ließ er den Sack in die Tiefe gleiten, befestigte das Seil mit einer Eisschraube, und wir konnten an diesem Tag nicht genug über den größten Eisschrank von ganz Westeuropa berichten.

Es verging eine Woche, das schöne Wetter kam und mit ihm die angemeldete Sektion. Mit umgebundener Küchenschürze, die Füße in Bergschuhen und mit einem Eispickel in der Hand, trat Fritz vor die Hütte.

«Was haben Sie denn vor?» fragte ein Hüttenbesucher höchst erstaunt den Fritz, denn dieser bot wirklich einen seltsamen Anblick in seiner Aufmachung. Fritz war guter Dinge und zum Scherzen aufgelegt und antwortete:

«Ich bin am Kochen, habe aber leider kein Fleisch, so gehe ich nun, mit der Absicht, ein paar Schneehasen zu jagen.»

Bei diesen Worten schwang er drohend den Pickel durch die Luft. Eingeschüchtert verzog sich der Hüttenbesucher. Verwirrt, ungläubig verfolgten die Anwesenden Fritz, schüttelten die Köpfe und wußten nicht, was sie von diesem ungewöhnlichen Benehmen eines Hüttenwarts halten sollten. Ein Hüttenwart, der da mit einer Küchenschürze bekleidet und mit einem Pickel bewaffnet auf dem Gletscher aufwärts stapfte, war sicherlich kein alltäglicher Anblick!

Ich widmete mich in der Zwischenzeit der Küche und dachte mit wissendem Lächeln an den größten Eisschrank von ganz Westeuropa.

Kurz darauf stand Fritz wieder in der Küche, den Pickel noch in der Hand, mit weitaufgerissenen Augen, mit hängenden Armen, einen halben Meter kleiner — kurz, die Ratlosigkeit in Person. Erstaunt blickte ich ihn an, und er preßte hervor:

«Di Cheibe si mr ab!»

«W a s? Das wird doch nicht dein Ernst sein?» fragte ich ungläubig und dachte einen Moment lang noch an einen unangebrachten Spaß. Leider war es keiner. Es war eine deprimierende Tatsache. Der Gletscher hatte die 21 Koteletten gierig und in einemmal verschlungen! Der Fleischsack, so berichtete Fritz, war angefroren, und als er am Seil zog, zuerst vorsichtig, dann entschlossener, rutschte der Knoten vom Sack, und wie ein erfolgloser Fischer hielt er das leere Seil in Händen.

«Hüttenkoch — was nun?»

«Mir bleibt jetzt doch nichts anderes übrig, als ein paar Schneehasen zu jagen», meinte Fritz kleinlaut und mit einem Hauch von Aufmunterung.

Auch ich wußte erst nicht, was nun weiter zu geschehen hatte, entschloß mich dann aber, der ankommenden Sektion die Misere zu erklären, war sicher, diese würde für unseren gefräßigen Eisschrank Verständnis haben. Fritz war anderer Meinung, er telefonierte mit dem Hotel am Oeschinensee, klärte ab, ob dieses wohl 21 Koteletten erübrigen könnte — es konnte. — Fritz entledigte sich seiner Küchenschürze, nahm seinen Rucksack, und noch ehe ich mich seines Vorhabens richtig vergewissern konnte, war er schon weg.

Er begegnete den Angemeldeten beim Abstieg, dann beim Aufstieg wieder. Die Bergsteiger meinten sicher, es mit einem Amokläufer zu tun zu haben.

Die gebratenen Koteletten servierte ich an jenem Abend mit aufwendiger Gebärde und mit heimlich stolzem Lächeln, das muß gesagt sein.

Man bedenke aber in diesem Zusammenhang das unfassbare Rätselraten der Naturforscher des nächsten Jahrhunderts, wenn der Gletscher die 21 Koteletten freigegeben hat! Was für ein Gebilde werden die Gelehrten zusammenbasteln? Auf der Suche nach einer Kreatur, welche da 1980 in Eis und Schnee gelebt haben sollte, bestehend aus 21 Kotelettenknochen?

Ihr Ziel war die Doldenhornhütte, zu welcher sie von uns aus, über den «Spitzen Stein» gelangen wollten. An jenem Morgen, bei ihrem Aufbruch, war gar kein Wetter. Kein Regen, kein Schnee, kein Wind, keine Sonne, nicht einmal eine richtige Wolke ließ sich blicken.

«Ich rufe Sie heute abend in der Doldenhornhütte an», schrie Fritz ihnen nach, denn er wußte, daß sich dort zurzeit kein Hüttenwart befand.

Ohne besondere Vorkommnisse verstrich der Tag, ein Tag so langweilig, wie das Wetter es war. Gegen Abend stieg der Nebel in rasender Geschwindigkeit vom Tal empor, eine sahnige, weiße Masse quoll uns entgegen, und schon Minuten später umgab uns eine grau-weiße Düsterkeit, die mir immer wieder von neuem unheimlich ist. Ein dicker Nebel, der meine Blicke zurückwies, so daß sich meine Augen in einer hautnahen Unendlichkeit verloren. Nebel — der weiße Schreck, der uns jeden Sinn für Zeit und Raum zu rauben vermag und uns statt dessen ein Gefühl der totalen Isolation vermittelt.

«Ich hoffe, die beiden gelangten vor dem Nebeleinbruch in die Doldenhornhütte», äußerte sich Fritz besorgt. Ich schämte mich etwas, hatte ich doch die beiden bereits wieder vergessen. Um so lebhafter erinnerte ich mich jetzt ihrer und konnte den Abend kaum erwarten, wo wir uns laut Abmachung nach ihnen erkundigen konnten.

Abends versuchten wir stündlich, die beiden Alpinisten telefonisch zu erreichen, aber immer schallte uns nur ein gleichgültiges «Tuut — Tuut — Tuut» durch den Hörer entgegen. Immer häufiger wählten wir die Nummer, und die Tatsache, daß die beiden keineswegs für eine Übernachtung im Freien ausgerüstet waren, trug auch nicht sonderlich zu unserer Beruhigung bei. Um Mitternacht gaben wir es auf, müde, enttäuscht, besorgt krochen wir in die Federn.

Morgens um sechs begannen wir erneut mit der verzweifelten Telefoniererei, aber wie in der Nacht zuvor war keiner da, der den Hörer abnahm, sich unser erbarmen wollte. Um acht Uhr nahm Fritz Kontakt mit dem Rettungschef von Kandersteg auf. Sie einigten sich, daß Fritz von dieser Seite und eine Rettungskolonne von der anderen die Suchaktion in Angriff nehmen würden.

Fritz rückte aus, durch das Funkgerät war meine ständige Verbindung mit ihm gewährleistet, ein Lob der Technik, eine große Beruhigung in solchen Momenten.

Die Zeit verging für mich schleichend, quälend langsam. Alle möglichen Bilder zwängten sich in mein Bewußtsein. Wie ein aufgescheuchtes Huhn flatterte ich pausenlos umher, blickte ständig auf die Uhr, hielt mir diese gar an mein Ohr, um mich zu vergewissern, daß sie nicht etwa vor Schreck und Ungeduld stehen geblieben war.

Da — endlich, kurz vor elf Uhr, raschelte es im Funkgerät, ich vernahm Fritz' ruhige Stimme: «Habe die beiden gefunden —, alles in Ordnung —, Suchaktion abblasen!»

«Er hat sie gefunden, er hat sie gefunden!»

Glücklich, erlöst erlebte ich in meiner Phantasie die große Erleichterung, die große Freude der Aufgefundenen mit. In freudiger Erwartung stopfte ich Holz in den Ofen, daß dieser vor Hitze nur so sprühte, denn sie sollten es bei ihrer Ankunft warm haben.

«Mach bitte Glühwein!» krächzte es erneut im Funkgehäuse. Ich war dankbar für den Auftrag, dankbar, selber etwas tun zu können, mich auf diese einfache Art selber an der Rettung beteiligen zu können. Immer wieder trat ich vor die Hütte, hielt durch die Nebellöcher hindurch Ausschau. Als wollte die Natur mir einen Gefallen erweisen, lichtete sich der Nebel, ich erspähte die drei Rückkehrer auf dem Fründengletscher. Die zwei Gestalten, die Fritz vor sich herschob, wirkten erschöpft. Jeder Schritt schien sie eine Überwindung zu kosten. Mir war, als hörte ich ihre Knochen vor Kälte klirren.

Mit veilchen-blauen Lippen in blutleeren Gesichtern saßen sie bald darauf in unserer Küche, griffen mit klammen Händen nach den heißen Tassen und tranken den dampfenden Glühwein.

«Was für ein Erlebnis muß es für die Aufgefundenen sein, von wohliger Wärme umgeben ein Dach über dem Kopf zu haben, sich in Geborgenheit zu wissen, unter Menschen zu sein — gerettet!»

Solchen und ähnlichen Gedanken hing ich nach, denn keiner sprach. Es herrschte eine beinah bedrückende Stille. Fritz stopfte bedächtig seine Pfeife und sagte in die nun schon langsam peinliche Stille hinein:

«Ihr seid von der Route abgekommen, wart viel zu tief, um in die Doldenhornhütte zu gelangen. Dort, wo ich Euch gefunden habe, wärt Ihr nie weiter gekommen. Etwa 500 Meter hättet Ihr zurückgehen müssen, um auf den einzig möglichen Durchgang zu stoßen.»

Eisig kalt schwiegen die langsam Auftauenden. Sie

nickten nicht einmal. Etwas enttäuscht betrachtete ich sie, konnte mir ihre abweisende Haltung nicht erklären, doch sagte ich mir: «Du hast ja keine Ahnung, was eine solch überlebte, kalte Nacht aus einem Menschen machen kann. Vielleicht trippelten sie in der eisigen Finsternis umher, schlugen sich die Arme um die Schultern und spürten trotz aller Anstrengung doch, wie ihnen die Kälte langsam in die Knochen schlich. Wer kann schon über wirklich erlebte Todesangst sprechen und wenn — dann meist erst viel später. Sicher gibt es einen Grad von Verzweiflung, die dem Betroffenen für lange Zeit die Lippen versiegelt, ihm das Sprechen darüber verunmöglicht.»

Erwärmt erhoben sie sich nach einer Weile, taten wortkarg kund, sich nun etwas hinlegen zu wollen.

«Schlafend erholen sie sich am besten von ihren nächtlichen Strapazen», sagte ich zu Fritz und war zufrieden. Die beiden schliefen denn auch wie die Murmeltiere bis nachmittags um vier. Was sich aber dann abspielte, erfüllt mich noch heute mit Bitterkeit!

Plötzlich standen sie vor der Küchentür, den Rucksack schon geschultert:

«So — wir gehen jetzt», verkündete der eine schnodderig.

«Ja — wie, wie fühlen Sie sich denn?» stammelte ich völlig überrumpelt und versuchte mit dieser Frage das Gespräch noch etwas in die Länge zu ziehen.

«Ach — uns geht es gut, uns ging es schon vorher gut.»

«Ja, aber Sie waren doch...»

«Hören Sie doch auf, so viel Aufhebens wegen nichts», fuhr mir der andere ins Wort und machte dabei eine wegwerfende Handbewegung.

Ich war unfähig, seiner Äußerung noch etwas zu entgegnen, starrte die beiden fassungslos an, ihre überhebliche Frechheit ließ mich verstummen.

Noch ehe ich meine Wut in Worte fassen konnte, schloß sich die Hüttentür schon von außen, und selbst der Knall der zugeschlagenen Tür klang in meinen Ohren wie eine grobe Beleidigung. Ich stolperte hinaus, schrie nach Fritz, sah ihn aber nicht, sah nur zwei große Rucksäcke, die sich langsam entfernten, immer kleiner wurden, und mit Tränen der Wut in den Augen blickte ich ihnen nach, bebend vor Zorn.

Endlich kam Fritz. Die Neuigkeit erstaunte ihn nicht sonderlich. Er legte den Arm um meine Schultern und sagte besänftigend, tröstend:

«Nimm es nicht so schwer, man muß die Leute nehmen, wie sie sind», und ich stotterte mit bebender Stimme: «Nicht einmal den Glühwein haben sie bezahlt!»

No breakfast

Ich freue mich immer wieder, wenn eine Gruppe von Pfadfindern ihr Kommen anmeldet.

Sie sind ein lustiges Völkchen. Was mir besonders gut gefällt, ist dieser Nationenmischmasch, aus welchem sie sich zusammensetzen, durch das internationale Pfadfinderzentrum in Kandersteg bedingt.

Ausser grün, war hier oben schon jede Hautfarbe vertreten, und im besonderen schwarze Menschen geben, wenn sie auf einem Schneehaufen stehen, ein ganz eigenes Bild ab, wie zwei ineinandergezwängte Welten.

Manchmal sind es gar kleine Knirpse, die sich mit

Rucksäcken, die weit über ihre Köpfe hinausragen, in die Höhe «sporzen». Mit heißen Köpfen und müden Knochen kommen sie jeweils hier in der Hütte oben an und sind mit Recht stolz auf ihre Leistung. Für viele dieser Kinder ist es das erste Bergerlebnis überhaupt.

Wo immer sie aber herkommen und aus welchen Nationalitäten und Altersgruppen sie sich zusammensetzten: — die Gruppen — gleichen sich. Jene Haltung nämlich, «der andere soll!», kommt innerhalb einer Gruppe in ganz besonderem Maße zum Ausdruck. Was immer man verlangt, keiner fühlt sich angesprochen, weil da ja noch so viel andere sind, die das Geforderte ebenfalls erledigen könnten. Mit viel Geduld muß man versuchen, dieser Einstellung zu Leibe zu rücken, Solidarität predigen und darauf hoffen, daß der einzelne die Solidarität nicht wieder nur von seinem Kameraden erwartet. Für die ganz Kleinen darf man Hüttenmutter sein. Tränen trocknen, Marschblasen verarzten, Sonnenbrände kühlen, Knöpfe annähen und vieles andere mehr.

Obwohl alle abends todmüde unter ihre Decken kriechen, hören wir sie doch jeweils noch bis spät in die Nacht hinein in den Schlafräumen herumtrippeln, sich Dinge erzählen, kichern und flüstern.

An einem lichten Morgen, wir hatten wieder 42 Kinder übernachtet, trat Fritz vor die Hütte. Dort erwartete ihn eine Überraschung ganz besonderer Art. Ich lag noch im Bett, hörte nur, wie er draußen herumfluchte:

«Das ist jetzt aber doch der Gipfel.»

Diese Worte drangen bis an mein Ohr. Über welchen Gipfel er sich aber so maßlos aufregte, konnte ich dem heftigen Wörterschwall nicht entnehmen.

Kurz darauf trat er aufgebracht ins «Hüttenwarts-stübli» und krähte zornig:

«Etz het mier doch tatsächleg ene vor d'Höttetör gschesse!» und fügte dann noch medizinisch genau bei: «O dä het de ned öppe dr Schisser ka!»

Aha — das war also der wuterregende Gipfel.

Unsere Toiletten befinden sich etwas unterhalb der Hütte. Vielleicht hatte das Kind Angst gehabt, sich an den dafür bestimmten Ort solcher Verrichtungen zu begeben?

Fritz hatte kein Verständnis für meine Verharmlosung und beteuerte, dass die mondhelle Nacht ein solches Verhalten keineswegs entschuldige. Obwohl es erst sechs Uhr morgens war, drohte Fritz, er werde jetzt sogleich seine Zurechtweisung vom Stapel lassen.

«Aber die sprechen doch alle nur englisch!» versuchte ich einzuwenden, um sein Vorhaben auf später zu verschieben.

«Wenn ich wütend genug bin, kann ich englisch», gab er knapp zurück, und schon hörte ich ihn polternd die Holztreppe hinauf in den Schlafsaal steigen.

Ich spitzte die Ohren, war gespannt auf die «wütigen» Englischkenntnisse meines Mannes und hörte dann, wie er zornig und ohne Voranmeldung verkündete:

«No breakfast before the shit in front of my door is not away!»

Natürlich fuhren die Kindergestalten entsetzt auf, starrten Fritz erschrocken an, verschlafen, wußten nicht, hatten sie einen bösen Traum, oder war dieser tobende Hüttenwart Wirklichkeit. Man vergegenwärtige sich aber die große Ratlosigkeit der Beschuldigten. 41 Aufgeschreckte wußten nicht, von welchem Teufel dieser Hüttenwart geritten wurde, worüber genau sich dieser so schreiend beklagte.

Fritz wiederholte noch einmal seine eigene Abmachung mit dem «Breakfast» und kam kurz darauf wieder polternd die Treppe herunter.

Alle waren wie vor Schreck gelähmt, vorerst hörte ich kein «Mückschen», dann aber, wie um diese vorangegangene Stille wettzumachen, brach ein großes Stimmengewirr los. Wohl verteidigte sich jeder, für diesen «shit in front of the door» nicht verantwortlich zu sein. Dann wurde eine erwachsene Stimme hörbar, es war einer der Leiter, der entschieden um Ruhe bat und sich dann deprimiert über den beschissenen Vorfall äußerte.

Nach und nach kam einer nach dem anderen herunter, und jeder machte ein Gesicht, als wäre das Vorkommnis «in front of the door» ihm persönlich entronnen. Aber keiner unterließ es, einen mißbilligenden Blick auf den hingepflanzten Haufen zu werfen, aber nur, um sich sofort wieder abzuwenden, gerade so, als würde sich bei längerer Betrachtung eine Identität ergeben.

Nach dem nächtlichen Übeltäter wurde erfolglos gefahndet, und wer schließlich und endlich die verdaute Erleichterung vor der Hüttentür verschwinden ließ, weiß ich nicht. Ich weiß nur, daß die Stimmung beim Frühstück als nicht gerade ausgelassen beschrieben werden kann. Jeder sah aus, als hätte er eigens vor die Türe gemacht.

Jedoch nach dem Frühstück herrschte ein emsiges Treiben. Tische wurden eiligst und unaufgefordert abgeräumt, beinahe jeder bot seine Hilfe zum Geschirrwaschen an, Wolldecken wurden sorgfältig zusammengelegt, alle Hüttenfinken ordentlich ins Regal zurückgestellt — kurz — die Hütte wurde von dieser Gruppe in vorbildlichem Zustand hinterlassen!

Als die Gruppe abwärts stieg und wir uns in der aufgeräumten Hütte umblickten, wußte ich, daß Solidarität möglich ist. Zu Fritz sagte ich:

«Eigentlich sollten sich solche Vorkommnisse ‚in front of the door‘ wiederholen.»

Endstation Fründenhütte

Schon lange zuvor wußten wir von der drohenden Gefahr des Doldenhorngletschers. Immer wieder lösten sich dort große Eisbrocken, ohne jedoch den Hüttenweg ernstlich zu gefährden.

Wie sehr sich ein Gletscher im Lauf der Jahre verändert, vermag nur zu ermessen, wer ihn ständig beobachten kann. Plötzlich öffnen sich große Spalten an nie geahnten Orten, man hört lautes Knacken und Knallen, manchmal klirrt es im Gletscher, als würden riesige Glasschalen zerspringen. Man schreckt auf, wartet — wartet auf eine Bewegung, ein Ereignis, oft tut sich nichts, oder aber es poltern riesige Eisbrocken in die Tiefe.

Der Doldenhorngletscher, der sich oberhalb des Hüttenwegs befindet, geht gelassen in die Breite, drückt immer mehr dem Abgrund zu. Von hinten schiebt sich neues Eis vorwärts, und es ist kein Ende abzusehen.

Eines Mittags, nach dem Essen, stand Fritz vom Tisch auf, ging hinaus, um zu erkunden, wie viele Hüttenbesucher sich wohl auf dem Weg befänden. Für uns ist dies immer wichtig, denn so wissen wir, ob es sich lohnt, das Feuer im Herd zu erhalten oder nicht. Kaum war er draußen, hörte ich ein mächtiges, tosendes Gepolter, dachte im ersten Moment an ein Überschallflugzeug, denn diese donnern auch beinahe täglich über unsere Köpfe hinweg, immer in rasender Eile — nach weiß ich wohin?

Schnell öffnete ich das Küchenfenster, horchte hinaus, und da war ich sicher — es war der Gletscher! Wie oft mich dieser schon aus der Hütte jagte, kann ich gar nicht aufzählen, aber genau so oft ging ich zurück in die Hütte mit der Gewissheit, dass der Lärm übertrieben hatte, nur wenig Eis in die Tiefe stürzte.

Der Doldenhorngletscher, der in diesem Sommer unseren Hüttenweg ernstlich bedrohte, liegt tiefer als unsere Hütte, so daß wir seine Launen genau beobachten können.

Was für eine riesige Eismasse sich aber an jenem Mittag auf einmal in Bewegung setzte, erfüllte uns mit Entsetzen. Riesige Klumpen wie kleine Häuser flogen durch die Luft, das Eis blitzte in der Sonne, der tosende Niedergang glich einer mächtigen Explosion und raubte uns den Atem. Das Eisgerumpel fegte über den Hüttenweg hin. Die Eisbrocken stauten sich zum Teil dort an, andere kullerten darüber hinweg und rollten hinunter zum Oeschinensee. Es dauerte eine geraume Zeit, bis alles sich beruhigt hatte, jeder Eisknubel einen Platz fand, an welchem er vorerst zu bleiben gedachte.

Es war ein herrlicher Sommertag. Viele Hüttenwanderer waren unterwegs, aber alle befanden sich bereits hinter der eisigen Mauer, die höher und höher wurde und so jedem den Rückweg verunmöglichte.

«Da kann keiner je wieder zurück», stieß meine Freundin Friederike entsetzt hervor und packte mich hilfesuchend am Ärmel.

«Das denke ich auch», entgegnete ich ebenso erschreckt und glaubte absolut an das, was ich sagte, richtete mich innerlich schon darauf ein, den Rest meiner Tage hier oben in der Fründenhütte zu verbringen.

Eine Beruhigung konnten wir in Anbetracht dieser Eislawine doch verzeichnen, nämlich die Gewißheit, daß sich während des Niederganges niemand an der gefährdeten Stelle befand. Schon lange zuvor hatte Fritz die drohende Gefahr erkannt und zwei Warntafeln angebracht, die den Hüttenwanderer aufforderten, die fünfzig bedrohten Meter schnell zu passieren.

Aber was hatte nun zu geschehen?

Die Eiswand wuchs bis zu vier Metern Höhe an, und das dahinter angestaute Wasser ergoß sich plötzlich wie eine Flutwelle über das Ganze und ließ so unsere optimistischen Spekulationen betreffs Überquerung dahinschwinden.

Schuhe — Funkgerät — Pickel, Fritz war weg, denn schon gelangte die erste Gruppe Absteigender zu der für sie völlig überraschenden Eiswand. Durch das Fernglas konnte ich sie beobachten, sah, wie sie hin und her eilten auf der Suche nach einem möglichen Durchgang. Immer aufgeregter wurde ihr Hin und Her. Sie erinnerten mich in ihrem Verhalten an gefangene Tiere in einem Käfig. Ängstlich verfolgte ich ihr Tun, hätte schreien mögen:

«Nein — geht nicht weiter — wartet — erzwingt nichts!» Schon sah ich den ersten einen Eisbrocken erklimmen, wie ein erfolgreicher Gipfelstürmer stand er oben drauf, und durch mein Fernglas sah es aus, als

wollte er sich im nächsten Augenblick in die Wasserflut stürzen. In meiner Verzweiflung holte ich die
Schweizerfahne von der Stange herunter, fuchtelte damit aufgeregt in der Luft herum. Von unten mag das
wohl ausgesehen haben wie das Winken mit einem riesigen Taschentuch. Ich hoffte, der Waghals möge inne
halten, seinen Mut zügeln! Ich stand auf einem Felsvorsprung und wünschte mir sehnlichst Flügel, um
schnell unten sein zu können, sah aber dann, wie der
Mutige tatsächlich von seinem Eisbrocken herunter
kam. War es die Fahne, die ihn dazu veranlaßte, war
sie es nicht, es dünkte mich nicht wichtig. Was zählte
war nur, daß Fritz näher und näher rückte, schon meldete er sich über Funk:

«Überquerung im Augenblick unmöglich, Hüttenbesucher darauf vorbereiten, daß sie die Nacht bei uns
verbringen müssen — Ende!»

Ende... mit ungutem Gefühl schlich ich zurück in
die Hütte, durchs Küchenfenster hindurch beobachtete
ich die fröhlich plaudernden Menschen und überlegte
krampfhaft, mit welchem Ton ich wohl diese Tatsache
vorbringen könnte. Mir fiel kein richtiger Ton ein —
auch Tonmöglichkeiten sind einmal erschöpft. Feige
entschloß ich mich, vorerst einmal gar nichts zu sagen.

Aber bald schon machten sich die ersten zum Aufbruch bereit, und da mußte ich, ob ich wollte oder
nicht, die eisige Tatsache verkünden.

Zu beschreiben, mit welchem Gesichtsausdruck die
verschiedenen meine «Einladung» quittierten, wäre
unerschöpflich. Aber alle trugen eine ähnlich vorwurfsvolle Miene zur Schau, gerade so, als hätte ich
die Eislawine eigens organisiert. Mit weinerlicher Stimme berichtete eine Mutter, daß ihre beiden Kinder un-

ten am Oeschinensee auf sie warteten, jemand anders verlangte zielstrebig von mir, sofort einen Helikopter zu beordern und zeigte sich höchst erstaunt, daß ich nicht sofort davoneilte, um seiner Forderung nachzukommen.

«Was stehen Sie hier noch herum?» fuhr er mich an, mit einer Stimme, die es gewohnt war, Befehle zu erteilen. Wieder andere erkundigten sich bei mir nach allfälligen Auswegmöglichkeiten, aber die gab es nicht, gab es nur für erfahrene Alpinisten.

Wir hockten in einer Sackgasse. Daß das so war, wurde auch mir erst in jenem Augenblick richtig bewußt. Kein Weg zurück: Unsere Hütte blieb vorläufig Endstation!

In all diese beklemmenden Überlegungen hinein begann ein beleibter Mann schallend zu lachen. Was war das für eine Erleichterung in diese vorwurfsvolle Gespanntheit hinein! Der Mann konnte kaum noch an sich halten, sein Bauch begleitete tanzend sein Gelächter, und glucksend stieß er zwischen seinen Lachanfällen hervor:

«Das ist ja eine Situation wie im Film; komme mir vor wie im Kino.»

Sein dröhnendes Lachen war so ansteckend, daß es auch die Mundwinkel der anderen langsam in die Höhe zog. Selbst die wimmernde Mutter war einen Augenblick lang verunsichert, sollte sie lachen oder weinen, entschied sich zu meiner Erleichterung aber für das erstere und lachte auch, während die Tränen ihr über die Wangen liefen.

So lange diese gelöste Stimmung noch anhielt, verzog ich mich schleunigst, und die Aufgabe, Neuankömmlinge über ihre Sackgassenlage aufzuklären, blieb mir erspart. Die bereits Eingeweihten konnten es kaum erwarten, über die Ahnungslosen herzufallen, sie über die hinter ihnen zugeschnappte Falle zu unterrichten und weideten sich an den erschreckten, fassungslosen Gesichtern, denen die ihren noch vor Minuten sehr ähnlich waren.

Ich selber bereitete mich innerlich vor, Verzweiflungen abzufangen, war entschlossen, einen Hüttenabend, so gemütlich wie eben unter den gegebenen Umständen möglich, zu gestalten, dachte gar daran, meine Gitarre zu stimmen, aber da meldete sich Fritz wieder über Funk:

«Das Wasser hat einen Graben herausgefressen — konnte eine Notbrücke installieren — die Hüttenbesucher sollen sofort aufbrechen — Ende!»

Eine aufgeregte Kinderschar ist nichts im Vergleich dazu, wie sich die Leute rund um die Hütte gebärdeten. So als bräche hier demnächst ein Grossbrand aus, packten sie aufgeregt ihre Siebensachen zusammen, suchten nach ihren Socken, schrien nach Thermosflaschen, Jacken, Stöcken und anderem mehr. Jeder wollte als erster aufbrechen, wollte unten sein, bevor die Falle abermals zuschnappte, und so kam es, daß sich alle gemeinsam auf den Hüttenweg begaben.

Von einer Felsklippe aus verfolgte ich die Absteigenden. Einer ging dicht hinter dem anderen, und je weiter sie sich entfernten, desto mehr glichen sie einem riesigen, bunten Tausendfüßler, der sich durch die Steine wälzte.

Mit dem Funkgerät in der Hand saß ich danach auf meinem Beobachtungsposten, hatte die Aufgabe, den Gletscher zu beobachten, um etwaige Bewegungen unverzüglich nach unten zu melden. So konnten alle sicher über den Eisberg geschleust werden, jeder kam unversehrt und beizeiten unten im Tal an.

Natürlich freute ich mich, daß der Vorfall eine so schnelle und sichere Wendung nahm. Auf der anderen Seite jedoch bedauerte ich es beinahe einwenig, denn gerne hätte ich jetzt über den erzwungenen, gemeinsamen Hüttenabend berichtet.

Der Pickel

«Nein — wissen Sie, Frau Hüttenwartin, ich bin keineswegs eine Emanze, nur gedenke ich nicht, meine eigenen Interessen in den Hintergrund zu stellen für irgendeine Beziehung, die dann vielleicht doch nicht hält, was sie verspricht, nur noch auf Anpassung hinausläuft, wo man sich gegenseitig immer mehr auf die Nerven geht, um sich dann — schließlich und endlich — doch wieder zu trennen.»

Mit diesen längst gedachten, längst gesagten, längst geschriebenen Worten unterbreitete mir die lebhafte, sportliche Frau ihre Lebensauffassung. Ihr Körper strotzte vor Wohlbefinden und Kondition, ihre herzhafte Bräune unterstrich diesen Eindruck noch, ihre kurz geschnittenen Haare, durch welche sie mit der Hand beim Sprechen immer wieder fuhr, sprachen: «Praktisch.»

Was sie sagte, war klar, ließ keine Mißverständnisse offen, fürwahr, eine Frau mit Grundsätzen, eine Frau von Format!

Mit viel Schwung schulterte sie ihren schweren Rucksack, um damit in den Schlafsaal hochzusteigen, mit drahtigen Bewegungen ging sie hinaus, und ich selber kam mir im Vergleich als ein kläglicher Schwächling vor.

Die Frau wollte tags darauf im Alleingang über den Galletgrat, und ich zweifelte keinen Augenblick an ihrem Vorhaben, traute der Frau zu Recht eine solche Tour zu.

Zwei Männer hielten sich am selben Abend ebenfalls in der Hütte auf. Sie aber würdigte die beiden mit keinem Blick. Vertieft in eine alpine Zeitschrift, gab sie den beiden, die versuchten, mit ihr ins Gespräch zu kommen, nur knappe, dürftige Antworten. Zwar nickte sie höflich, als diese ihr über ihr eigenes alpines Vorhaben berichteten, aber sie interessierte sich keineswegs für die Pläne anderer.

Ach du meine Güte, wie war die Frau wütend, als sie am nächsten Morgen entdeckte, daß einer der beiden Alpinisten den Pickel verwechselt hatte, statt seinen den ihren über die Blümlisalp mitgenommen hatte.

«Idioten — kennen nicht einmal ihren eigenen Pickel!» — und mit dem verwechselten Pickel sprach sie ihnen auch gleich jede bergsteigerische Fähigkeit ab. Eine Sekunde lang erwog sie, nun selber auch statt über den Galletgrat über die Blümlisalp zu steigen. Wohl nur ihre angeborene Unlust, von Plänen abzuweichen, ließ sie ihrem eigenen Vorhaben treu bleiben. Sie befahl mir, in der Blümlisalphütte anzurufen, einen Termin abzumachen, denn abends wollte sie die zwei Männer in Kandersteg unten treffen.

«Wenn die nur nicht abstürzen», sagte sie höchst zynisch, und ich antwortete:

«Dann haben Sie immer noch die Chance, dass Ihr Pickel dabei heil bleibt!»

Bergsteiger hängen an ihrem eigenen Pickel, ihre Anhänglichkeit schien mir aber doch etwas zu weit zu gehen, das sagte ich ihr auch, und unverstanden stocherte sie davon.

Sie ging schnell und sicher, eine bewundernswerte Alpinistin, eine mutige, entschlossene Frau.

Nur ungern wäre ich einer der beiden Bergsteiger gewesen, auf welchen da eine Zurechtweisung wartete, die wohl kaum liebevoll genannt werden konnte.

Es verging ein Sommer, und im Jahr darauf kam die Frau wieder. Sofort erkannte ich sie und erkundigte mich:

«Haben Sie im letzten Jahr Ihren Pickel wieder erhalten?»

«Daß Sie sich noch daran erinnern können!» wunderte sie sich und strahlte dabei ihren Begleiter an. Dieser nämlich war der «Idiot» vom letzten Jahr, welcher so nachlässig den Pickel verwechselt hatte. Dieser «Idiot» war jetzt ihr Mann!

Gibt es Zufälle, oder ist es das Fällige, was uns zufällt?

Diese Frage kann ich nicht beantworten, jedenfalls kamen die beiden in die Fründenhütte, um den pickligen Irrtum zu feiern, und wir feierten mit ihnen.

Er wollte tags darauf über die Blümlisalp, sie über den Galletgrat, denn die vorjährige Tour war für beide die letzte, die jedes für sich allein machte. Aber ihre angeborene Unlust, von Grundsätzen, von Vorhaben abzuweichen, ließ beide über den Galletgrat steigen.

Ein Pickel hat vielleicht schon manchem das Leben gerettet. Daß ein Pickel aber ein Leben so grundsätzlich zu ändern vermochte, hatte ich bis dahin nicht für möglich gehalten.

Die Rettung

Es war an einem heißen Sommertag, einem lang er-
sehnten Sonnentag. Man schrieb das Jahr 1980. Ein
knallblauer Himmel spannte sich über die schneewei-
ßen Berge und alle, die die Nacht bei uns verbracht
hatten, waren guter Dinge, strahlten wie die Sonne,
gratulierten sich zu ihrem Bergaufenthalt, standen vor
dem unvergleichlichen Panorama, unschlüssig, was sie
zuerst fotografieren sollten. Es herrschte ein lebhaftes,
fröhliches Treiben, und nichts schien diese Hütten-
fröhlichkeit trüben zu können.

Um so mehr erschraken wir, als ein Mann, außer
sich und außer Atem, vor der Küchentür stand. Er
war bleich, der Schweiß rann ihm in kleinen Bächen in
den Hemdkragen, und vorerst konnte er in seiner
Atemnot kein Wort hervorbringen. Gespannt blickten
wir ihn an, ahnten Ungutes, und zwischen zwei Atem-
zügen preßte er endlich hervor:

«Es ist etwas Schreckliches passiert — ganz furchtbar — entsetzlich!» Er preßte seine flache Hand auf
die Augen, die Geste jener, die versuchen, schauder-
hafte Bilder zu verscheuchen, rang wiederholt nach
Atem, und immer noch unfähig, sich klar auszu-
drücken, fuhr er mit großer Anstrengung fort:

«Schrecklich, schrecklich... es war so eisig und
glatt, er rutschte aus, ich wollte ihn gerade noch halten, aber da entglitt er meiner Hand und stürzte in die
Tiefe — furchtbar! — Wir wissen nicht, wo er liegt,
hören ihn nur noch röcheln und stöhnen. Bitte, bitte,
helfen Sie uns! Meine Frau wartet unten, ich habe ihr
verboten, in der Zwischenzeit irgend etwas zu unternehmen, bitte kommen Sie sofort!»

Noch während seiner stockenden Schilderung holte Fritz seine Schuhe unter dem Ofen hervor, und unser Schäferhund, dem das nicht entging, schoß aus dem «Hüttenwartsstübli» in die Küche, setzte sich neben Fritz auf den Boden, spitzte die Ohren und betrachtete aufmerksam, wie dieser seine Schuhe zuschnürte. Er war bereit, sich lebhaft an der Rettung zu beteiligen. Völlig entgeistert starrte der Mann auf den Hund. Als er erkannte, daß dieser im Begriff war, Fritz zu begleiten, stotterte er entsetzt:

«O nein — bitte nicht... er mag keine anderen Hunde!»

Hätte uns nicht die große Angst des Mannes in Atem gehalten, ich glaube, wir hätten vor Erleichterung laut gelacht. Obwohl wir nicht lachten, entging dem Mann unsere Erleichterung nicht, und sich neu besinnend gab er kleinlaut zu:

«Ach ja, ich habe vergessen zu sagen, es ist unser Hund, der abstürzte.»

Auch wenn dem so war, verließ Fritz eiligst die Hütte, natürlich ohne unseren Hund, und keuchend folgte ihm der Verzweifelte.

Der Hund befand sich tatsächlich in einer Lage, aus welcher er sich ohne fremde Hilfe nicht hätte befreien können. Fürsorglich bot der Hundebesitzer Fritz seine Handschuhe an, denn «Wolly», so gab er kleinlaut zu, würde Fremde beißen. Ideale Voraussetzungen für eine Rettung! Fritz lehnte die Ausrüstung entschieden ab und sagte zu dem jetzt bereits vor Ungeduld zitternden Mann:

«Der beißt mich nicht, jedenfalls nicht jetzt.»

Dem war auch so, und ohne große Schwierigkeiten wurde unterhalb der Hütte ein winselnder, nasser, grauer Wollknäuel ans Tageslicht befördert. Fritz klemmte den nassen Haufen unter den Arm, hackte ein paar Stufen ins Eis und übergab «Wolly» seinen Besitzern, die vor Dankbarkeit beinahe in Tränen ausbrachen.

O, war das eine Begrüßung! — Dieser dem Tod entronnene Hund konnte vor neu gewonnener Lebensfreude kaum an sich halten. Er tanzte vor Glück um seine Meister herum und dann — niemand hätte es erwartet — entdeckte er Fritz wie zum erstenmal, stemmte seine Vorderläufe nach vorne und bellte diesen kräftig und ausgiebig an.

Natürlich schämten sich die Hundebesitzer für sein Verhalten, waren höchst verlegen in Anbetracht seiner Undankbarkeit. Besänftigend redeten sie auf ihn ein, bemüht, dem wütend bellenden Hund den Ernst der Lage neu in Erinnerung zu rufen, aber Fritz winkte wissend ab:

«Diese Hunderettung unterscheidet sich im wesentlichen nicht von den anderen, was das nachträgliche Gebell anbelangt, nur daß der Hund seinen Gefühlen keinen Zwang antut.»

Der graue Wolly beruhigte sich denn auch. Als sie in die Hütte kamen, trug vor allem das Ehepaar den Gesichtsausdruck der Geretteten.

Was hüpft denn da von Stein zu Stein?

Rot, golden verbreitete die Sonne ihr Abendglühen: eine Postkartennatur, daß ich kaum darüber zu schreiben wage. Ich stand vor meinem Abwaschbecken, alle

Tagesbesucher hatten die Hütte verlassen, zurück blieb ein Haufen ungewaschenes Geschirr. Ich war müde wie die Sonne, die sich langsam hinter den Bergen verkroch und wie zum Trost die Welt noch einmal glutrot erleuchtete.

Tasse um Tasse ging durch meine Hände, mechanisch erledigten sie ihre Arbeit, ich blickte in die Berge, auf der Suche nach niemandem, denn alle Bergsteiger waren längst zurück. Eine Bergdohle kreiste vor dem Fenster, eine zweite gesellte sich dazu, sie suchten mit ihren scharfen Vogelaugen das Gelände ab, auf der Suche nach etwas Eßbarem, Liegengebliebenem. In der Abendstille kreisten sie neugierig und hungrig um die Hütte, ich wurde es nicht müde, sie in ihrem gleitenden, eleganten Flug zu beobachten.

Mit meinen Augen begleitete ich die eine der Bergdohlen, beneidete sie ein wenig um ihre schwebende Freiheit, und da — plötzlich stürzte sich der Vogel auf irgend etwas, das ich nicht sah, flatterte aber sogleich wieder auf und ergriff krächzend die Flucht.

«Was mag der Vogel wohl gesehen haben?»

Noch während ich rätselte, sah ich es auch. Es war eine Wurst, die über einen Stein kroch und dahinter, ich glaubte es nicht, kam noch eine. Ein paar Suppenwürste schleppten sich da von Stein zu Stein, langsam, gemächlich erklommen die Würste einen Felsbrocken, verschwanden, um beim nächsten wieder aufzutauchen.

«Nein — das kann doch nicht sein?»

Ich rieb meine Augen, glotzte wieder zum Fenster hinaus, blickte mich dann verwirrt in der Küche um, befürchtend, man könnte mich bei der unglaubwürdigen Beobachtung ertappen. Aber es war keiner da. Ich bin auch nicht sicher, ob ich, wenn einer da gewesen wäre, ihn in diese geisterhafte Wahrnehmung eingeweiht hätte.

«Jetzt schaue ich einfach eine Weile nicht mehr hin, vielleicht lösen sich die Würste in Luft auf, und ich brauche kein Wort darüber zu verlieren.»

Ich schielte aber doch wieder aus dem Fenster und verfolgte die Würste mit gespenstischem Schauder.

Als Fritz in die Küche trat, überlegte ich, ob ich wohl das geisterhafte Vorkommnis erwähnen sollte oder nicht, überwand mich und sagte:

«Du, schau mal, da gehen ein paar Suppenwürste über die Steine.»

Statt zu antworten, legte er seine Hand auf meine Stirne, lachte verschmitzt, und ich sah ihm an, daß er an meinem geistigen Zustand zweifelte, ging dann aber doch zum Fenster, und gespannt wartete ich.

«Würde er die Würste auch sehen, oder litt ich an Sinnestäuschung?»

Ich drängte mich neben ihn ans Fenster und sah, daß die Würste mittlerweile bereits eine beachtliche Strecke zurückgelegt hatten. Ungeduldig wartete ich, und da riß Fritz plötzlich die Augen weit auf:

«Etz Himmeldonnder, das esch doch ned mögleg.»

Er rannte hinaus, ich hinterher, und erst als wir ganz nahe bei den hüpfenden Würsten standen, löste sich das metaphysische Rätsel. Ein Hermelin, so grau wie die Steine, zerrte die Suppenwürste hinter sich her, je näher wir kamen, desto mehr eilte es, verbissen, entschlossen, seine Beute in Sicherheit zu bringen. Fritz lachte vor Vergnügen, ich vor Erleichterung, und wir hatten beide unsere helle Freude an dem eigenwilligen Hermelin.

«Es muß eine Hermelin-Mutter sein», erklärte Fritz, «sicher hat sie Junge, die auf ihr Nachtessen warten.»

Um das Tier nicht unnötig in Ängste zu jagen, entfernten wir uns. Fritz sagte zufrieden: «Jetzt weiß ich auch, warum wir seit einiger Zeit keine Mäuse mehr haben, ein Hermelin ist ein guter Mäusejäger.»

Wie aber die Hermelinmutter im Keller zu unseren freihängenden Würsten gelangte, bleibt für mich ein Rätsel. Ein Rätsel bleiben für mich aber auch die Mäuse. Warum nehmen sie den steilen, anstrengenden Hüttenweg unter ihre munzligen Füßchen, um dann hier oben, auf einer Höhe von 2562 Metern, in eine Mäusefalle zu laufen, oder aber eben, von einer Hermelinmutter aufgefressen zu werden? Vielleicht gibt es auch Mäuse, die den Drang zu Höherem haben.

Fritz hielt nichts von derlei Überlegungen und erklärte sachlich:

«Wo Menschen sind, da sind auch Mäuse.»

So muß es denn wohl auch sein!

Den schaffen wer schon!

«Birnbauer ist mein Name», stellte er sich vor, glänzte vor Glück und Sonnencreme, «und das hier» — bei diesen Worten schlug er seinem Begleiter mit der flachen Hand auf den Bauch, «ist mein Bergkamerad, der Oskar. Wir hoffen, Sie haben noch ein Nachtlager für zwei lustige Wandergesellen.»

Der als Oskar Vorgestellte lachte und schlug nun dem anderen mit schallendem Knall auf die Schultern.

«Nun, geben Sie uns mal erst zwei schöne, kalte

Bier.» Ich reichte sie ihnen, sie stützten die Flaschen an, und blubbernd verschwand die Flüssigkeit in ihren durstigen Kehlen.

«Ach — der Oskar ist ja ein so fideles Haus», rülpste der eine und lachte darüber wie über einen gelungenen Witz.

«Wir sind nicht mehr die Jüngsten, aber noch gut dabei», stellte nun Oskar seinerseits fest und verlangte ein zweites Bier.

«Na, junge Frau, dann raten Sie mal, wie alt wir denn sind.» Ich hatte befürchtet, daß diese Frage kommen würde. Besonders ältere Männer haben das zwingende Bedürfnis, mich ihr Alter erraten zu lassen, für mich immer eine peinliche Angelegenheit, und die jeweilige Ungeduld, mit welcher die Fragesteller auf ihr «Urteil» warten, bringt mich allemal in Verlegenheit. Aber so war es oft, die vollbrachte Leistung des Aufstiegs wollte gebührendes Lob finden. Nun, fünfzig zu sagen, schien mir angebracht, mit fünfzig ging meistens nichts schief.

«Ha-ha-ha, das waren wir mal, nicht, Oskar, das ist lange her. Mit fünfzig waren wir noch ganz andere Burschen.»

Es bahnte sich geradezu ein kleines Fest an, beide lachten dröhnend und hieben einander auf die Schultern.

«Ne, ne, junge Frau, da haben Sie sich aber schwer vertan, der Oskar ist 63, und ich bin gerade 61 geworden.»

Aufmerksam beobachteten sie mich, warteten auf das große Staunen, welches ihre Offenbarung unweigerlich bei mir hervorrufen mußte. Ich zog ein so überraschtes Gesicht wie eben möglich, und um zehn Jahre jünger verließen sie die Hütte.

Elastisch und beschwingt wandelten sie draußen umher, blieben dann vor dem Küchenfenster stehen, und ich lauschte folgendem Dialog:

«Dieser Brocken da ist jetzt also das Fründenhorn?»

«Na, Walter, wie sieht's denn aus?»

«Ach, scheint nicht schwierig zu sein — den schaffen wer schon.»

«Ha klar, dem werden wir's morgen schon zeigen.»

Wieder stimmten sie ein siegessicheres Gelächter an.

«Ich geh mal eben den Hüttenwart fragen, wo's lang geht.»

Ich schaute auf zu unserem Hausberg, und mich wollte es dünken, als hätte das Fründenhorn Lachfalten. Stolz, ungerührt, mächtig stand der Berg da, beinahe protzig, und daß man ihm soeben den Kampf angesagt hatte, nahm er gelassen hin, ließ es gewährend über sich ergehen.

Am anderen Morgen früh brachen die beiden auf, um's dem Fründenhorn zu zeigen. Aber sie schafften unseren Hausberg nicht. Was genau sie ihm zeigen wollten, fand ich auch nicht heraus. Jedenfalls saßen sie bald darauf wieder vor der Hütte, verzehrten zerknirscht ihre Brote und sandten zornige Blicke gegen den Berg. Mich blickten sie nur noch verstohlen von der Seite an, wie zwei, die in einer Prüfung durchgefallen.

Jetzt war ich es, die dem Herrn Birnbauer auf die Schultern klopfte. Ich lobte ihre Einsicht, die Grenzen der Leistungsfähigkeit erkannt zu haben, schilderte ein Beispiel, wo diese fehlende Einsicht tragische Folgen hatte. Verkniffen und kauend lauschten die beiden meinen Erzählungen. Ob sie etwas Trost darin fanden, war ihren Gesichtern nicht anzusehen.

«Blicken Sie sich doch um», sagte ich abschließend. «Wie herrlich die Bergwelt, wie prächtig die Natur. Warum sich nicht einfach daran erfreuen? Warum bezwingen, warum erobern, warum nicht einfach Betrachter sein? Ehrgeiz ist so mancher Übel Anfang!»

Aber was erzählte ich da? Leistung ist so sehr zu unserem Wertmaßstab geworden!

Gewitter

Am späten Nachmittag verfärbte sich der Himmel am Horizont violettschwarz, und die Welt darunter versank in bläulicher Finsternis. Die Luft war drückend und dick, lag wie Blei über allem. Durch die kleinste Anstrengung geriet man gleich ins Schwitzen. Selbst die Insekten flogen schwerfälliger als sonst, kein Vogel war zu erblicken, und die Fahnen hingen schlaff und leblos an den Stangen. Die ganze Bergwelt schien in erschrecktem Warten zu verharren.

Noch glühte die Sonne auf unserer Bergseite. Weiße Wölkchen flatterten über die Bergspitzen hinweg, eiligst auf der Flucht, wie darauf bedacht, sich selber noch schnell in Sicherheit zu bringen.

Langsam rückten die dunklen Wolken näher, ihnen voraus ging ein zaghaftes Windchen. Es kam etwas Bewegung in die bleierne Stille. Die finstere Masse, die langsam und drohend auf uns zurollte, wurde von fernem Grollen begleitet. Kurz zuckten die Blitze in der Ferne auf, bläulich und gelb wie Kurzschlüsse am Himmel. Das Grollen wurde zunehmend lauter, drohender, die finsteren, schweren Wolken rollten immer schneller. Manchmal vermochte der Wind sie auseinanderzureißen, und noch entschlossener ballten sie sich wieder zusammen.

Eine Weile drohte das Gewitter nur von der Talseite her, dann aber schob sich eine zweite, pechschwarze Masse auch über das Fründenjoch. Ein unheimliches, prallvolles Ungetüm zwängte sich durch das Joch und schob sich, wie in der Absicht, einen zornigen Kampf aufzunehmen, dem von der Talseite herkommenden Gewitter entgegen. In Windeseile verfinsterte sich der Himmel. Über unserer Hütte prallten die Wolken aufeinander, ihr Kampf wurde durch zuckende Blitze angefeuert, die immer häufiger wurden und die Welt mit bläulichem Licht erleuchteten. Rechthaberischer Donner begleitete das Feuerwerk. Die Zeitabstände zwischen Donner und Blitz wurden immer kürzer. Der Wind nahm an Heftigkeit zu, die Wolken aber bewegten sich nur noch schwerfällig. Massig, gewichtig versuchten sie einander zu verdrängen, jedoch gab es keine Möglichkeit mehr zu fliehen. Der ganze Himmel war angefüllt mit brodelndem Qualm, die Berge schienen unter dieser Fülle aus den Fugen zu geraten. Dann — so als seien sie ihres gegenseitigen Kräftemessens überdrüssig, taten sie sich zusammen, um uns mit vereinten Kräften anzugreifen.

Der Donner war bald als ein Gebrüll zu vernehmen. Es fielen die ersten Hagelkörner. Zuerst klimperten sie lustig auf unserem Dach, aber dann prasselten sie mit entsetzlicher Wucht hernieder, als wollten sie alles erschlagen. Sekunden später lag eine weiße Kieselschicht ums Haus herum. Krachende Blitze zischten durch die Luft, jeder Donner war eine Explosion.

Wir saßen in der Küche, unser Schäferhund kroch

unter das Bett. Ich selber wäre ihm am liebsten dorthin gefolgt, wußte nicht, wo mich verkriechen, wo mich in Sicherheit bringen vor diesem heftigen Zornausbruch der Natur. In blauen Flammen stand das Fründenhorn. Erbarmungslos schlugen die Blitze in seinen Fels. Ich hoffte, bebend vor Angst, die Blitze möchten unser Steinhäuschen verschonen.

Ein ohrenbetäubender Knall, der alle ihm vorangegangenen noch übertraf, ließ mich vollends zusammenfahren. Nach dem ersten Schrecken war ich erstaunt, mich noch lebend und unversehrt in der Küche vorzufinden. Sogar unser Hund kroch unter dem Bett hervor, fühlte sich nach diesem Knall auch dort nicht mehr sicher, aber beim nächsten Donnerschlag kehrte er sofort wieder in sein Versteck zurück.

«Es hat ganz in der Nähe eingeschlagen», sagte Fritz leise und besorgt. Ich war sicher, daß er «ganz in der Nähe» nur sagte, um mich nicht noch mehr in Schrecken zu versetzen und wartete auf die ersten Rauchschwaden, die ersten Flammen im Haus. In panischer Angst rannte ich ins Freie. Dort aber knallten mir die Eisklumpen erbarmungslos auf den Schädel, und ich flüchtete zurück ins Haus.

Das Gewitter verfügte über eine enorme Wutreserve, das himmlische Grollen wollte kein Ende nehmen. Es war, als wollte sich der Himmel in alle Ewigkeit über uns beklagen, uns ein für allemal die Meinung sagen.

Endlich verebbte das Hagelgetrommel auf unserem Dach, der schimpfende Donner wurde seltener, entfernte sich. Erschöpft zogen sich die entleerten Wolken langsam zurück. Es wurde draußen wieder etwas heller. Nur noch ein selbstzufriedenes Gemurmel war zu vernehmen, bis auch das verstummte.

Ich wagte es, ins Freie zu treten. Frisch gewaschen lag jeder Stein da, die Hagelkörner schmolzen dahin, in zunehmender Hast machten die Wolken sich davon, kletterten die Hänge hinauf, am Himmel wurden zaghafte, blaue Flecke sichtbar. Ich betrachtete sie wie eine große Seltenheit. Die ganze Welt schien aufzuatmen, und selbst die Sonne blinzelte geputzt hinter einer Wolke hervor. Erleichtert atmete ich die neue, frische Luft ein, stand gerettet vor der Hüttentür und vernahm die ersten, empörten Krächzer der Bergdohlen. Sie schüttelten ihr Gefieder und schienen sich aufgebracht über das Gewitter zu unterhalten. Sie beklagten sich, und ich stimmte ihnen zu.

Wir waren überzeugt davon, alles ohne Schaden überstanden zu haben. Doch tags darauf wartete eine böse Überraschung auf uns; der Wassertank war leer, und als wir das Wasser von unserem Reservoir hochpumpen wollten, hörten wir ein blubberndes Rumpeln, die Röhre spuckte noch ein paar Tropfen aus, räusperte sich noch einmal und dann — fertig! Das Schlimmste befürchtend, rannten wir hinunter zum Wasserreservoir. Dort sahen wir mit Entsetzen, daß dieses beinahe nur noch aus einem einzigen, riesigen, gähnenden Loch bestand. Wie nachträglich vom Blitz getroffen standen wir da, große Ratlosigkeit machte sich breit.

Kein Wasser mehr! — Nur wer einmal keines mehr hatte, weiß, was das bedeutet — jeder angeschleppte Liter eine Kostbarkeit.

Hätte ich während des tobenden Gewitters schon um diese Zerstörung gewußt, wäre ich sicher dankbar gewesen, daß der Blitz «nur» das Wasserreservoir als Ziel für seine Zerstörung auserwählt hatte. Jetzt aber, einen Tag später, bei harmlos weißen Wölkchen am

Himmel, empfand ich es als eine Boshaftigkeit. Warum uns mit solch «blitziger» Launenhaftigkeit das Wasserreservoir zerstören?

Durch die aufwendige Instandsetzung und mit jedem angeschleppten Wasserkessel wurden wir noch lange an das Unwetter erinnert und daran, wie wenig man selber eigentlich zu sagen hat.

Senta — die Gipfelstürmerin

Manchmal finden wir auch Zeit, eigene Touren zu unternehmen. Diese gehören zu meinen schönsten Sommererlebnissen. Nicht die Befriedigung körperlicher Leistung, sondern die Überwindung meiner Angst ist mein Erfolgserlebnis. Ruhig und sicher schreitet Fritz mir voran, spürt sofort, wenn ich zögere — Überwindung — weitergehen.

An einem Morgen, der versprach, ein schöner Tag zu werden, war es wieder soweit. Ziel: unser Hausberg. Es bot sich uns die Gelegenheit durch eine Freundin, die sich anerboten hatte, die Hütte samt unserer Schäferhündin zu hüten.

Natürlich jammerte unser Hund erbärmlich, als er, obwohl im Hüttenwartsstübchen eingesperrt, unseren heimlichen Plan durchschaute. Senta konnte mit ihren feineingestellten Ohren jeden noch so ähnlichen Laut genauestens unterscheiden. Sie unterschied sogar, welchen Schlüssel wir vom Brett nahmen. War es der Kellerschlüssel, stand sie sofort von ihrem Ruheplätzchen auf, um den Kellergänger zu begleiten, denn nicht selten schaute für sie dabei ein Knochen heraus.

Heimlich, leise holten wir unsere Bergschuhe unter dem Ofen hervor und mußten lachen ob dieser gespannten Heimlichtuerei. Lauter als nötig unterhielten wir uns dabei, damit Senta die von ihr so geschätzten Laute, wie eben Schuhe anziehen, nicht vernehmen sollte. Wer Schuhe anzog, versprach Bewegung, auch für sie, so war es immer, sie durfte uns stets begleiten, nur eben an diesem Tag nicht.

Ihr Geheul wurde trotz unseren Vertuschungen immer klagender, immer herzzerreißender. Ich verließ fluchtartig die Hütte, um nicht weiter Zeuge solchen Leidens sein zu müssen. So zogen wir hinaus in den neuen Morgen. Lustig knirschte der Schnee unter unseren Schuhen. Als wir uns schon oberhalb der Schneezunge befanden, welche den Einstieg aufs Fründenhorn bildet, da erspähten wir tief unten ein felliges Etwas, das zielstrebig über den Fründengletscher trabte. Dieses fellige Etwas — war unser Hund.

Nahe der Hütte stand meine völlig ratlose Freundin, rang die Hände, verwarf die Arme, rief den Hund verzweifelt zurück und wußte nicht mehr ein noch aus. Aber Senta wußte es!

In Hundeseile gelangte sie an den Fuß des Berges. Dort blieb sie stehen, blickte empor, nicht etwa zweifelnd, nein, eher abschätzend, welche Route für sie wohl am ersten in Frage käme. Ach — könnte ich beschreiben, wie dieser Hund auf dem fast blanken Eis sich aufwärts arbeitete. Sicher und gelassen setzte er seine Pfoten in die kleinen Eislöcher, trottete gleichmäßig ohne Hast aufwärts, machte dazu ein Hundegesicht, welches ausdrückte, daß der Ernst der Lage voll erkannt werde. Nichts Aufgeregtes, «Huderiges», haftete seinen Bewegungen an. Eher wie ein erfahrener

Alpinist, der weiß, daß er seine Kräfte einteilen muß, aber trotzdem vorwärts machen will, pfotete Senta aufwärts.

Bei uns angelangt, setzte sie sich, blickte wie wir nach unten, gerade so, als würden wir nun alle drei noch weitere Alpinisten erwarten. Diese Selbstverständlichkeit, mit welcher der Hund da neben uns hockte, war an Originalität nicht zu übertreffen. Wir jedenfalls fanden das und mußten dermaßen lachen, daß uns die Tränen über die Wangen liefen. Senta aber gähnte bereits etwas angeödet, nicht ohne listig zu uns aufzublinzeln: «Das habt ihr euch ja schön ausgedacht!»

«Senta — gang schöön z'rogg et Hötte», versuchte es Fritz auf die vernünftige Art, aber Senta gähnte bereits wieder, so sehr langweilte sie dieser plumpe Überredungsversuch.

Viel zu überlegen gab es nicht, es blieben nur zwei Möglichkeiten; entweder alle drei stiegen auf, oder alle drei stiegen ab. Die Möglichkeit, den Hund erst wieder in die Hütte zu bringen, um dann alles von vorne zu beginnen, erschien uns als eine wenig befriedigende Lösung. Dazu waren wir ganz einfach zu faul. So beschlossen wir, vorerst weiter aufzusteigen und erst bei eventuellen unüberwindbaren Schwierigkeiten wieder umzukehren.

Auch Senta zeigte sich sehr erfreut über den weiteren Verlauf der Dinge, drehte noch schnell eine Runde um uns herum und stöffelte uns dann wacker voran. Sie ging sicher und ohne Faxen, spielte sich gar als Bergführer auf, als hätte sie von jetzt an die Verantwortung. Nur an einer einzigen Stelle wußte sie nicht wie weiter, und diese Tatsache verursachte in ihr eine große Unruhe. Aufgeregt schnüffelte sie hin und her, wußte genau, daß andere diese Passage benutzt hatten. Zuerst versuchte sie, eigenständig am Felsen hochzuklettern, glitt aber immer wieder aus. Sie erinnerte mich an eine Gemse, wie sie da auf einem viel zu knappen Felsbrocken stand, alle vier Pfoten dicht nebeneinander, der leiseste Wind hätte sie aus dem Gleichgewicht gebracht.

So hievten wir unseren «Sentelhundel» über den steilen Felsen hinauf. Ein komisches Gefühl, so einen Hund von hinten hochzuschieben, wohl auch für den Hund, denn dieser schlug aus wie ein ängstliches Pferd, strampelte nach Boden suchend in der Luft herum.

Ich war schon bereit umzukehren, denn das Ganze wurde mir langsam zu waghalsig — dem Hund aber nicht!

Im letzten, schwierigen Stück half er sich selber. Er machte einen riesigen, unerwarteten Sprung, und schon hockte er oben, glotzte mit klugen Hundeaugen zu uns herunter, wollte weitergehen und fragte sich, warum wohl wir, um alles in der Welt, noch so lange herumknorzten. Als wir die Passage überwunden hatten, trabte Senta uns wieder voran, blickte sich häufig nach uns um, und ich war sicher, daß ihr unser müdes Tempo langsam lästig wurde.

Auf dem Gipfel bot sie ein herrliches Bild. Etwas vor uns langte sie dort an, blickte um sich und bedauerte sichtlich, daß der Berg schon hier seinen Gipfel hatte. Sie schnüffelte interessiert das Terrain ab, auf der Suche nach etwaigen Spuren von Artgenossen, erkannte dann aber ihre Einmaligkeit und brach die Suche einsichtig ab.

Der Abstieg war für sie dann erst recht kein Problem mehr. Vorsichtig wählte sie ihre eigene Route, kamen Steine ins Rollen, blickte sie ihnen betroffen nach, betroffen deshalb, weil Steine zu verfolgen zu ihren Leidenschaften gehört und sie dieser, das wußte sie selber, in so steilem Gelände nicht frönen konnte.

Nach dieser gelungenen Tour war ich zum Platzen stolz auf unseren Hund. Als das Erlebnis noch neu war, erzählte ich es jedem, der es hören — oder nicht hören wollte. Kaum einer verließ die Hütte, ohne daß ich ihm diese Erstbesteigung nicht aufgezwängt hätte.

Ehrfürchtig und mit Respekt wurde fortan unser Hund von den Hüttenbesuchern behandelt. Ausgenommen von jenen natürlich, die selber vom Fründenhorn zurückkamen, den Gipfel vielleicht nur mühselig erreicht hatten und deren Leistung mit der Senta-Geschichte auf ein hundsgewöhnliches Erlebnis zusammenschrumpfte.

Ich war sicher, den klügsten, kletterbegabtesten Hund überhaupt zu besitzen, bis eines Tages eine Viererseilschaft die Blümlisalp traversierte; — nein, es war eine Dreierseilschaft. Fritz holte zweifelnd das Fernrohr, zweifelnd deshalb, weil wir vom Hüttenwart in der Blümlisalphütte die Information von einer kommenden Dreierseilschaft hatten. Aber es handelte sich doch um eine Viererseilschaft — der zweite von hinten war ein Hund. Gespannt verfolgten wir das waghalsige Unternehmen, ich tief beeindruckt — Fritz weniger!

Der Hund mußte stückweise von den drei «Kameraden» abgeseilt werden, sicher ein ungewöhnliches Erlebnis für einen Vierbeiner.

Seine alpinistische Leistung übertraf die von Senta bei weitem!

Alles ging gut, als sie in die Nähe der Hütte rückten, schaute ich ihnen neugierig entgegen. Auch Senta erkannte sofort das Kreaturenmischmasch am Seil und blickte winselnd und aufmerksam ihrem Artgenossen entgegen.

Als der Hund vom Seil losgebunden wurde, begrüßten sich die beiden aufs freudigste und waren nicht mehr zu trennen. Mich verwunderte das nicht sonderlich — gemeinsame Interessen verbinden! Fürsorglich leckte Senta dem andern sogar sein leicht verletztes Pfötchen!

Das ist es, was den alpinen Hund grundlegend vom alpinen Menschen unterscheidet. Welcher mit Leistung übertroffene Alpinist leckt dem Erfolgreicheren schon die Pfote? Da werden ganz andere Vorschläge gemacht... aber lassen wir das!

Ein Tyrann

In einer windstillen Ecke, direkt bei der Hütte, steht ein großer Tisch. Wenn es draußen warm ist, die Sonne scheint, verweilen die Hüttenbesucher gerne dort. Auch ich selber setze mich gerne dort hin, besonders frühmorgens, wenn der Tag noch neu und unverbraucht ist.

Eines Morgens, ich saß an jenem besagtem Tisch und schälte Kartoffeln, kamen zwei Gestalten daher. Sie eine jüngere Frau, er alt und gebrechlich. Fürsorglich wie eine Krankenschwester stützte sie ihn, war ihm behilflich, als er sich hinsetzen wollte, kniete dann vor ihm auf den Boden und zog ihm die schweren Bergschuhe aus. Danach begann sie ihm seine Füße zu massieren. Der Mann warf mir einen mürrischen Blick zu, so als hätte er die große Anstrengung meinetwegen auf sich nehmen müssen. Genau so mürrisch blickte er auf die kniende Frau nieder.

«Was für ein unfreundlicher Kerl», so dachte ich und fuhr fort, meine Kartoffeln zu schälen. Als die junge Frau sich aufrichtete, blickte ich in ein fahles Gesicht, in zwei freudlose, glanzlose Augen; es war das Gesicht eines alternden Mädchens, welches keine Jugend gekannt zu haben schien. Alles an ihr war ohne Ausdruck, ohne Leben. Die junge Frau tat mir sofort leid. Er hockte da, ein für ihn viel zu großer Sonnenhut wackelte auf seinem kahlen Schädel. Der Hut reichte ihm bis hinunter zu seinen Augenbrauen und verlieh seinem Aussehen eine noch drohendere Düsterkeit.

Sie sprachen gar nichts. Gleichgültig und selbstverständlich nahm er ihre Fürsorge entgegen, bedankte sich auch nicht, als sie ihm frische Socken über seine knochigen Füße streifte.

«Geh hinein und bestelle zwei Bouillons», krähte seine Greisenstimme. Drinnen war keiner, also stand ich auf, bereits etwas aufgebracht, denn die Unverschämtheit, mit welcher er auch für sie bestellte, ohne sie vorher nach ihrem eigenen Wunsch zu fragen, ärgerte mich.

Als ich ihm die dampfende Bouillon unter die Nase stellte, rührte er nörglerisch darin herum, meckerte dann:

«Da ist ja gar nichts drin!»

«Jaa», sagte ich langgezogen, «das ist die besondere Eigenschaft einer Bouillon.»

«Ich will aber Bouillon mit Ei haben», zischte er rechthaberisch, so als hätte er das längst bestellt.

Also eilte ich, um ein Ei zu holen und schlug es ihm eigenhändig, nicht gerade sorgfältig, in die Tasse. Natürlich bedankte er sich auch bei mir nicht und fragte statt dessen seine Begleiterin:

«Willst du auch ein Ei haben?»

Als diese nickte, konnte er es wieder nicht fassen, schüttelte verständnislos seinen kahlen Schädel, und der Hut oben drauf schüttelte sich mit diesem um die Wette.

«Hättest du das nicht gleich sagen können?» bellte er sie an. Ich stand sofort wieder auf, und auf dem Weg in die Küche begleiteten mich seine Vorhaltungen, die er ihr machte, so daß der Rest meiner Sympathie, die ich in Anbetracht seines Alters noch erübrigen wollte, dahinschmolz. Ich kam zurück, griff nach meinen Kartoffeln und verzog mich; denn ich mochte den alten Giftzwerg nicht mehr länger vor Augen haben.

Nach kurzer Zeit saßen die zwei in der Hütte.

«Meinem Papi ist es draußen doch zu kalt», flüsterte die Frau schüchtern und beinahe um Entschuldigung bittend.

«Papi» — aha — so also waren die Verhältnisse!

Kurz darauf wollte der Alte seinen Pullover haben, dienstfertig eilte sie, um ihn zu holen, und das weitere Gespräch der beiden beschränkte sich darauf, daß er ihr laufend Befehle erteilte. Da wollte er plötzlich seine Schuhe haben, dann mußte sie draußen den vergessenen Sonnenhut holen, danach seinen Rucksack, und als Krönung des Ganzen durfte sie unter den Tisch kriechen, um ihm wiederholt seine knochigen Floßen zu massieren. Als sie sich erschöpft, mit rotem Gesicht wieder hinsetzte, verlangte der Nörgler heiße Milch mit Honig.

«Heiße Milch können Sie haben, Honig jedoch haben wir keinen», nuschelte ich nachlässig und keineswegs gastfreundlich. Heimlich freute ich mich, diesem Befehlshaber eine Forderung abschlagen zu können. Wütend starrte er mich an, als wäre sein Weiterleben ohne Honig nicht mehr gewährleistet. Die Tochter blickte ängstlich, beschwor mich mit bittenden Blicken, eine Zauberformel zu sprechen, die den fehlenden Honig herbeischaffe. Wieder tat sie mir leid, denn dem Alten seine Bitterkeit wurde zügellos. Er überschüttete sie mit Vorwürfen, erklärte, wie wichtig Honig sei, im besonderen nach körperlicher Anstrengung, zunehmend wichtiger mit zunehmendem Alter usw. usw.

«Papi, du sollst dich nicht so aufregen», redete sie besänftigend auf ihn ein, «sonst wird dir wieder übel.»

Wie auf Befehl wurde ihm tatsächlich übel, er wurde weinerlich, was wohl sein bewährtestes Druckmittel war, denn jetzt zerfloß seine Tochter beinahe in Fürsorge. Sie schlug ihm vor, sich etwas hinzulegen, das aber wollte er nicht und schlürfte seine heiße Milch ohne Honig. Nur schwerlich konnte er den fehlenden Honig verkraften, beruhigte sich dann aber, auch seine Stimme gewann an Festigkeit zurück, so daß er seine Befehle wieder mit Überzeugungskraft vorbringen konnte. Er befahl, gehen zu wollen. Sie schnürte ihm seine Schuhe zu, half ihm beim Aufstehen, drückte ihm seinen Sonnenhut tief ins Gesicht, traf alle Vorbereitungen zum Aufbruch.

Vor der Hütte stehend, entnahm sie ihrem Rucksack ein Seil.

Was hatte das nun wieder zu bedeuten?

Fürsorglich knüpfte sie ihm das Seil um den Leib, um ihn so bei etwaigem Ausgleiten halten zu können. Das andere Ende des Seils hielt sie in der Hand und wollte gehen. Er aber — mißtrauisch wie alle bösen Menschen — verlangte herrschsüchtig, daß auch sie sich daran festbinde. Schüchtern versuchte sie ihm seine Forderung auszureden, er aber beharrte mit drohender Stimme darauf.

Jetzt verabscheute ich ihn entschieden! Am liebsten hätte ich der jungen Frau ein zünftiges Messer mit auf den Weg gegeben, auf daß sie das Seil im entscheidenden Moment durchschneiden könnte, um sich endlich und ein für allemal von ihrer Nabelschnur zu lösen.

Aber nichts dergleichen geschah. Resigniert stand ich da, sie zogen ab, er schritt voran, seine Tochter hinter sich herzerrend, beherrschend wie immer, unlösbar mit seinem Leben verknotet!

Ein Samstag, wie keiner ihn mag

Bereits am frühen Nachmittag beginnen wir damit, heißes Wasser zu kochen, setzen an die fünfzig Liter Suppe auf, schleppen Holz in die Küche, füllen den Wassertank bis obenhin — kurz — rüsten uns für den kommenden Ansturm.

Es war ein wolkenloser Samstag, und der Wetterbericht für den Sonntag war ebenfalls gut. Über sechzig Personen waren angemeldet, und mit der Dunkelziffer der Unangemeldeten erwarteten wir an die neunzig Alpinisten.

Noch lag die Hütte in friedlicher Stille. Man glaubte selber nicht, daß diese noch am selben Tag für die Besucher kaum groß genug sein würde, die Hütte sich aufblasen müßte wie ein Ballon, um allen Bergsteigern ein Nachtlager zu gewährleisten.

Zögernd trafen die einzelnen Seilschaften ein. Man grüßte noch freundlich, fand noch Zeit für Gespräche, Auskünfte über Verhältnisse der geplanten Touren und Erkundigungen nach gemeinsamen Bekannten. Aber dann wurden die Zeitabstände der verschiedenen Ankömmlinge immer kürzer, die Begrüßungen immer kurzatmiger, und bald schon war die Zahl der Anwesenden kaum noch zu überblicken.

Platz bietet unsere Hütte für neunzig Personen. Am späteren Nachmittag hielten sich aber bereits an die hundert Alpinisten drinnen und draußen auf. Als alle Plätze auf unserer Lagertafel gestrichen waren, nahm Fritz seinen Feldstecher, begab sich damit auf einen Felsvorsprung, von welchem aus er den ganzen Hüttenweg absuchen konnte. Er kam bald darauf zurück und sagte vorerst gar nichts.

«Was ist?» wagte ich leise zu fragen. Er lachte gezwungen, so als würde sich bereits sein Lachen in Platznot befinden und meinte dann gequält, als würde er sich ein Geständnis abringen:

«Da si no ganz Wälm onderwäge!» Über fünfzig Alpinisten zählte er mit einem Blick durch seinen Feldstecher. Ich rang nach Atem.

Es handelte sich um keine Sinnestäuschung. Die Erspähten trafen ein, unsere Hütte geriet beinahe aus den Fugen in Anbetracht dieser Menschenmasse. Ja, ich glaubte gar, ihr Stöhnen zu vernehmen. Das kleine Steinhäuschen wurde von einem Getöse erfüllt, von

Getrampel und Gesprächen. Gar mancher gab zum besten, wie knapp er dort oder dort noch gerade mit dem Leben davongekommen sei.

In unserer kleinen Küche herrschte eine brodelnde Hitze, ich selber kam mir vor wie ein bratendes Spiegelei. Fritz stand glühend an dem noch glühenderen Herd, rührte in seinem grossen Suppentopf, in der Suppe schwamm ein unübersichtlicher Belag von mitgebrachten Würsten. Nun, auch eine Aufgabe, den jeweiligen Wurstabgeber dann auch mit seiner eigenen Wurst zu bedienen. Krampfhaft versuchten wir uns zu erinnern, wem nun welche Wurst gehört:

«Nein, Fritz, der mit der Brille gab doch Schüblig.»

«Quatsch, der gab Wienerli.»

«Dann sprechen wir eben nicht vom selben Brillenträger.»

«Wem gehören denn die Suppenwürste?»

«Weiss ich doch nicht, du kochst ja, nicht ich!»

«Du nimmst die Waren doch entgegen, also bitte!»

Die Fragen und Antworten zwischen uns wurden immer gehässiger, und bald schon flogen die Bemerkungen dick wie Würste hin und her.

Manchmal führte der wurstige Irrtum zu groben Zurechtweisungen, was auch nicht gerade zu unserer Erheiterung beitrug. Manchmal ging es glimpflich ab, so daß die eigene Wurst auf den verschiedenen Tischen gesucht und gefunden wurde, manchmal nur halb oder angebissen, und der Wurststreit von den Betroffenen direkt ausgefochten wurde.

Der kleine Holzherd tat sein Bestes, glühte vor Hitze, war mit Pfannen überstellt, mit Töpfen, die überquollen, so daß ich befürchtete, der Ofen würde jeden Augenblick zusammenbrechen.

In diese brütende Hitze hinein betraten zwei Frauen die Hütte; sie sind mir noch heute in lebhafter Erinnerung. Von draussen kommend, strömten sie eine erfrischende Kühle aus, und genau so kühl war auch die Stimme der einen, die da sprach:

«Wir haben hier Suppe mitgebracht.»

Dienstfertig antwortete ich: «Jawohl, Suppe ist bereit, Sie können sie gleich mitnehmen.»

In einer SAC-Hütte herrscht noch der Tauschhandel, für mitgebrachte Suppe kann man gekochte entgegennehmen.

«Nein», flötete nun die andere der beiden Damen: «Wir sind Vegetarier und wollen unsere eigene Suppe haben.»

Sie sagte das mit so viel Stolz und Bestimmtheit, als wäre Vegetarier zu sein eine große Auszeichnung. Unter anderen Umständen hätte ich dieser Sonderheit auch Verständnis entgegengebracht, aber in dieser hitzigen Platznot glotzte ich die Frauen an, als hätten sie von mir einen gedämpften Uhu verlangt.

«Wenn wir Platz auf dem Ofen haben, werden wir Ihre Suppe kochen», fing ich mich auf, sagte es tröstend, aufschiebend; die beiden zogen ab, nahmen aber zu meiner Verwunderung auch ihre Suppe wieder mit. Sicher befürchteten sie, ihre edle Vegetarier-Suppe könnte in der ordinären Wurstsuppe verschwinden.

Das Platzgedränge ging weiter. Gestaffelt wurde gegessen. Es war ein Kommen und Gehen, ohne daß sich die Sitzplätze im Aufenthaltsraum je lichteten.

Da, plötzlich standen die Vegetarier wieder vor mir. Sie hielten mir fordernd die Suppentüte unter die Nase, fächerten gar damit hin und her, und obwohl so wenig Platz auf dem Ofen war wie zuvor, nahm ich sie entgegen, versprach unsicher, sie in absehbarer Zeit zu kochen, schielte dabei zum dampfenden Fritz hin, der schwitzend vor dem überlasteten Ofen stand und wußte nicht, wie ich nun diesen Suppenextrawunsch vorbringen sollte. Wie etwas Lästiges schmiß ich die Tüte auf den Küchentisch:

«Da — eine Vegetariersuppe — muß extra gekocht werden.»

Sofort widmete ich mich wieder meiner eigenen Aufgabe, verabreichte pausenlos Getränke und Essen, eilte geschäftig zwischen Buffet und Abwaschtrog hin und her. Da brüllte der dampfende Fritz:

«Was? Di chö de vo mier us daheme omi vegetarisch läbe!»

So blieb die Suppe liegen, ungewaschenes Geschirr türmte sich hinter mir, vor mir drangen immer neue Forderungen an mein Ohr, ich vergaß die Suppe, bis jene besagten Frauen wieder vor mir standen:

«Ich wollte fragen», hub die eine an, «können wir wohl jetzt unsere Suppe haben?»

«Ach ja, die Suppe, tut mir leid, wir hatten bis jetzt keinen Platz auf dem Ofen, ich hoffe aber, ...»

Ich erinnerte Fritz an die vegetarische Aufgabe, er aber war nach wie vor nicht dazu bereit, diesem Sonderwunsch nachzukommen, wiederholte seine Aussage von vorher, und ein Blick auf den Ofen zeigte mir, daß auch der dortige Zustand unverändert war.

Als die beiden Frauen zum drittenmal vor mir standen, wagte ich kaum noch, sie anzublicken. Ihre Suppentüte lag noch immer auf dem Küchentisch. Inmitten eines Berges von schmutzigem Geschirr lag sie da, wie ein Vorwurf.

Langsam verschwanden jene mit den reservierten Plätzen und jene, die sich durch frühzeitiges Erscheinen noch einen Schlafplatz ergattern konnten, und als ich in den Aufenthaltsraum hinaustrat, wirkte dieser im Vergleich zu vorher wie ein gerupftes Huhn. Auch der überstellte Herd leerte sich langsam. Während bereits die ersten Notmatratzen angeschleppt wurden, kochte ich endlich die Vegetariersuppe.

Die beiden Frauen nickten dürftig, als sie nach der Suppenschüssel griffen, und stiegen damit beleidigt über die ersten am Boden liegenden Alpinisten.

Um zehn Uhr abends war jedes Fleckchen in der Hütte besetzt. Die Bergsteiger lagen auf und unter den Tischen, auf den Bänken, am Boden, kreuz und quer, und als der Berg von benutztem Geschirr sauber und in den Schränken versorgt war, schlugen die letzten ihr Nachtlager in der Küche auf.

Endlich bliesen wir nach diesem gestreßten Abend die Petrollampen aus, und alles verschwand in einer schweißgesättigten Finsternis.

Das sind kaum Nächte zum friedlichen Träumen! Gar mancher wird wohl in solchen Momenten, in solcher Beengtheit, an sein gemütliches Bett zu Hause denken. Jedes Auf-die-Toilette-Gehen verursachte eine Massenbewegung, dazu kam noch der schnarchende Bettnachbar, welchem man am liebsten die Nase zugehalten hätte. Sie traten einander auf Gesicht und Füße. Die kurze Nacht ließ kaum einen den Schlaf richtig finden.

Um zwei Uhr morgens mußten die ersten ihr Nachtlager bereits wieder verlassen. Sie faßten heißes Wasser, suchten ihre Sachen zusammen und brachen auf.

Nach und nach verließ Seilschaft um Seilschaft die

Hütte. Wir rissen die Fenster auf, trugen die Notmatratzen zurück an ihren Aufbewahrungsort, versuchten die gewohnte Hüttenordnung wieder herzustellen.

Welchen Eindruck aber hinterläßt diese berstend volle Hütte in einem Alpinisten, der nur an Wochenenden und bei guter Witterung die Gelegenheit hat, die Bergwelt zu besuchen?

Ich glaube, wenn jemand ihm etwas von einem gemütlichen Hüttenabend erzählt, ringt er nach Atem und weiß eine andere Geschichte zu berichten.

Herr Wanderlust

«Morgen muß ich mit einem Gast aufs Fründenhorn», teilte Fritz mir grinsend mit, und dann artete sein Grinsen gar in ein Gelächter aus. Ich fragte mich, was wohl an der Besteigung des Fründenhorns so lustig sein sollte?

Schon als er am Telefonieren gewesen war, hatte ich ihn lachen gehört und mich gefragt, was ihm dazu Veranlassung gebe.

Er ging als Bergführer im Verlauf eines Sommers oft auf das Fründenhorn, ohne dies je als eine so witzige Angelegenheit betrachtet zu haben.

«Was gibt es denn da so zu lachen?» fragte ich erstaunt.

«Ja, weißt du, mein Gast ist 78 Jahre alt.»

Nun, das war zwar erstaunlich, veranlaßte mich aber keineswegs, in sein Gelächter miteinzustimmen.

«Eigentlich will mein Gast nicht auf das Fründenhorn, sondern auf das Matterhorn.»

Das war nun allerdings verwunderlich, jemand will auf das Matterhorn und steigt statt dessen auf das Fründenhorn. Nicht etwa, daß unser Hausberg dem Matterhorn an Schönheit nachsteht, nein, das war es nicht.

Überhaupt mutet es mich immer etwas seltsam an, wenn von «schönen» und «nicht-schönen» Bergen gesprochen wird. Ich finde es so unsinnig wie etwa Wolken in «schöne» und «nicht-schöne» Kategorien einzuteilen. Auch wird von dankbaren und nicht-dankbaren Bergen gesprochen, als könnte irgend etwas auf der Welt einen Berg dazu veranlassen, dankbar oder nicht dankbar zu sein. Aber diese Beurteilung will ich den Alpinisten überlassen.

Item — der Mann wollte also aufs Matterhorn und plante statt dessen eine Tour aufs Fründenhorn. Das Matterhorn fordert von einem Alpinisten natürlich ganz andere Voraussetzungen als unser Hausberg, und achtundsiebzig Jahre schien mir nicht gerade ein ideales Alter für die Bezwingung des Matterhorns zu sein.

«Das ist auch der Grund, warum er aufs Fründenhorn will, es ist nämlich eine Trainingstour für ihn», erklärte Fritz, und wieder begann er zu lachen, so daß mir sein Gelächter schon langsam auf die Nerven ging. Manche sind in diesem Alter noch sehr rüstig, und ich stellte mir einen Brocken von einem Mann vor, stark, strotzend vor Gesundheit und top-fit! Aber so sehr ich den Fritz auch mit Fragen bedrängte, er ließ sich zu keinen weiteren Schilderungen hinreißen, sagte nur, der Mann käme im Verlauf des Nachmittags in die Hütte, und da würde ich ihn ja selber kennenlernen.

Als das Männchen dann eintrudelte, entsprach er keineswegs meinen Vorstellungen. An Wuchs klein, stand er mühsam schnaufend in der Hütte. Auf seinem runden Kopf thronte ein «Tschäppel» mit enormem Vordach, so daß man sein Gesicht nur erahnen konnte. Dieser Hut schien ihn vollends zu Boden zu drücken. Seine dürren Beinchen steckten in kurzen Hosen mit Blumen drauf, und ein ebenso blumiges Hemd schlotterte an seinem Gerippe.

Seine alpinistische Ausrüstung darf dürftig genannt werden; sie bestand aus einer größeren Damenhandtasche, deren Henkel, das demonstrierte er mir sofort vor, er beliebig verlängern oder verkürzen konnte. Wohl je nach Schwierigkeitsgrad am Berg, konnte er das Täschchen um die Schultern legen oder in der Hand tragen. Auch hatte er keinen Pickel, brauchte er auch nicht, wie sich tags darauf herausstellte. Er war sehr fröhlich und aufgeräumt, eine witzige Figur. Er gefiel mir schon deshalb, weil er einen so gründlich anderen Anblick bot als alle bis dato hier erschienenen Alpinisten.

Er hängte sich sein Täschchen wieder um und wollte sich draußen erst einmal etwas umsehen.

«So —», fragte ich, als er von draußen wieder hereinkam, «war der Hüttenweg anstrengend?»

«War er schon, war er schon. Aber ich weiß genau, wie ich mich zu verhalten habe, wieviel ich mir zumuten kann. Mein Bergführer, der Jakob, sagte mir, wenn man um Nase und Mund herum bleich wird, muß man sofort umkehren.»

Aha — mit diesen medizinischen Kenntnissen ausgerüstet, begab er sich also in alpines Gelände. Ich wagte die scharfsinnige Bemerkung:

«Ja, aber diese farbliche Veränderung können Sie, wenn allein unterwegs, ja gar nicht feststellen.»

Listig, wissend, streckte er einen Zeigefinger in die Luft: «Halt — halt — Moment mal», öffnete seine Damenhandtasche und beförderte einen kleinen Handspiegel zutage:

«Hier — bitte schön, Wanderlust denkt an alles.»

Er kicherte überlegen. Man sah ihm an, daß er jetzt noch nachträglich von seinem logischen Einfall begeistert war. Als er mein überraschtes Staunen genügend ausgekostet hatte, setzte er sich, holte ein vermatschtes Wurstbrot aus seiner Wundertüte und verzehrte dieses genüßlich mit gesegnetem Appetit.

Er trainierte täglich an seinem Wohnort, und zwar hatte er dazu den Kirchturm auserwählt. Dieser erschien ihm zu diesem Zwecke als höchst geeignet. Je nach Lust und eigenem Befinden erklomm er diesen — über die Treppe natürlich — sieben- bis zehnmal im Tag. Er krähte vor Vergnügen bei seiner Schilderung, freute sich an der Überlegenheit, mit welcher er bei dieser Art von Training dem Wetter ein Schnippchen schlagen konnte; ob es regnete, ob es stürmte oder schneite... und er ergoß sich in einer Aufzählung sämtlicher Wettermöglichkeiten; Wanderlust konnte trainieren!

«Dann werden Sie morgen ja auch gut aufs Fründenhorn kommen?»

«Natürlich, klar, aber ich will aufs Matterhorn; das Fründenhorn ist nur eine Trainingstour für mich. — Ich will aufs Matterhorn», doppelte er nach, «alles andere ist ja nur kalter Kaffee! In Amerika kennen die ja alle nur das Matterhorn — da muß ich hin.»

Daher also seine Leidenschaft für diesen einen Berg. Als ausgewanderter Deutscher lebte er seit mehr als zwanzig Jahren in den Staaten. Seine Liebe zu den Bergen entdeckte er spät. Oft sind die späten Leidenschaften die intensivsten. Genau genommen galt seine Leidenschaft gar nicht den Bergen, sondern allein dem Matterhorn.

Später wollte ihm Fritz den Aufstieg aufs Fründenhorn erklären. Der Mann nickte beiläufig, war aber nur auf der Suche nach Vergleichen: Ist das Matterhorn steiler, wieviel höher, wieviel schwieriger? Es war eine glatte Beleidigung für die ganze Bergwelt ringsum.

Heimlich hegte Fritz die Hoffnung, der nächste Tag möge schlechtes Wetter bringen, denn vom Bergführer Jakob wußte er, daß Wanderlust sich nicht gerade mit Begabung am Berg auszeichnete. Allein die Aufstiege in die Hütten gestalteten sich mit ihm zusammen recht schwierig. Die Hütten bildeten denn bis jetzt auch immer Endstation. Alle anderen Touren wußte der Bergführer mit Hilfe schlechter oder zweifelhafter Witterung zu umgehen, eine Ausrede natürlich.

Doch das Wetter machte diesmal nicht mit. Herausfordernd blauer Himmel ließ keine Ausrede gelten. Höchstens hätte man noch sagen können, der Tag würde möglicherweise zu heiß. Nach kurzer Überprüfung verwarf man die Ausrede als zu fadenscheinig, und Fritz und Wanderlust machten sich bereit.

Fritz drückte seinem Schützling einen Pickel in die Hand. Dieser betrachtete ihn ungläubig, hielt ihn in der Hand wie einen überflüssigen Regenschirm und wußte nicht, was zum Teufel er mit diesem zusätzlichen Ballast anfangen sollte. Er hegte große Zweifel, als Fritz ihn in einen Klettergurt hineinzwängte, sich und ihn ans Seil knüpfte. Das paßte ihm nicht. Dieses Festgebundensein bereitete ihm großes Unbehagen, war ihm zu endgültig, und er fragte ängstlich:

«Fritz, was mach' ich denn, wenn du ausgleiten solltest?»

«Ja — Wanderlust, dann musst du mich festhalten.» Entsetzt, eindeutig überfordert, blickte er Fritz an, dann zum Fründenhorn empor, kicherte schwach; daß er sich am liebsten wieder losgebunden hätte, war nicht zu übersehen.

Nun, vielleicht dachte er in diesem Augenblick beschwörend ans Matterhorn und daran, daß das Fründenhorn ihm diesen Gipfel näher bringen würde — jedenfalls brachen sie auf.

Ich kann nicht sagen, daß ich gerade großes Vertrauen in diese Expedition hatte. Zu zögernd trippelte der kleine Mann hinter Fritz her. Sperrig stapfte er auf dem Fründengletscher aufwärts, eher zum Umkehren, als zum Vorwärtsgehen bereit. Wiederholt blickte er sich nach der Hütte um, Abschied nehmend. Ich war sicher, daß er wirklich Angst vor seinem eigenen Plan hatte.

Der Aufstieg mit ihm erwies sich denn auch als gar nicht ungefährlich. Herr Wanderlust erachtete das Seil nicht als eine Sicherung, sondern als eine zusätzliche Aufstiegserleichterung und Fritz als einen damit verbundenen Felsbrocken, an welchen er sich beliebig hängen konnte.

Unter solchen Bedingungen schleifte Fritz seinen Gast auf den Gipfel, und kaum oben angekommen, blickte jener sich um und keuchte: «Fritz — wo ist denn jetzt das Matterhorn, kann ich es von hier aus schon sehen?»

Im Abstieg kam er mir vor wie eine vor Fritz hertanzende Marionettenpuppe, die den Hang herunterschlenkerte, die Fritz von oben beliebig zusammenklappen und wieder aufrichten konnte. Jeder Schritt, mit welchem die Puppe an Höhe verlor, sah durch mein Fernglas immer aus wie: gerade-noch-einmal-gut-gegangen!

So atmete ich auf, als beide sich endlich wieder auf dem Gletscher unten befanden. Herr Wanderlust wirkte erschöpft, glich mehr denn je einer herumbaumelnden Kasperfigur.

«Seine entschlossene Liebe zum Matterhorn wird heute gelitten haben, in Anbetracht der Tatsache, daß sein geliebter Berg etwa das Vierfache an Anstrengung von ihm fordern wird», überlegte ich mir. Aber — oha lätz! Falsch spekuliert! Die überlebte Tour war für ihn wie ein Fanfarenstoß zum Aufbruch nach Zermatt!

Kaum hatte er wieder Luft, verkündete er tatendurstig: «Na, Fritz, wie habe ich das gemacht? Wann soll's denn nun losgehen?»

Er sprudelte über von Begeisterung, erzählte mir, was er heute geleistet — und was er in absehbarer Zeit zu leisten gedenke, schilderte lebhaft, während die Knie ihm zitternd gegeneinanderschlugen.

Unverzüglich wollte er seinen Bergführer Jakob sprechen. Freudig zappelnd hing er am Telefon, kam mir vor wie ein Kind, das soeben schwierige Hausaufgaben gemeistert hatte und diesen Erfolg sofort seinem Lehrmeister mitteilen wollte.

«Ja, Jakob — hier Wanderlust. Ja, ja — doch, prima gegangen, was — schwierig? — Nein, kein bißchen — ja gut, ich sag' dem Fritz Bescheid — doch, verstehe ich gut — also dann, bis gleich.»

Sein Bergführer Jakob bestand verständlicherweise darauf, daß ihn ein zweiter Bergführer auf der bevorstehenden Tour begleiten sollte, quasi einer zum Stoßen und einer zum Ziehen. Was lag näher, als daß Fritz dazu auserwählt wurde?

Und also geschah's!

In meiner Phantasie sah ich den Wanderlust schon auf dem Gipfel des Matterhorns stehen, in kurzen Hosen und wehendem Blumenhemdchen, pathetisch verkündend:

«Daß ich das noch erleben durfte!» — sich ein Edelweiß zwischen die Zähne klemmen und tot umfallen.

Aber dazu kam es nicht. Mühselig schoben und zerrten die beiden Bergführer den Herrn Wanderlust bis in die Hörnlihütte. Es war an einem nebligen, kalten Tag, das Matterhorn war nicht zu sehen, das Matterhorn hielt sich versteckt. Der Mann fror erbärmlich, als sie endlich in die Hütte gelangten, seine Zähne und Knie klapperten um die Wette. Er bot ein Bild des Jammers, jedenfalls nicht das eines Gipfelstürmers, als er schlotternd und in Wolldecken eingehüllt, nahe beim Ofen armselig in der Hörnlihütte hockte.

Tags darauf strahlte keine Sonne, dafür taten es zwei Bergführer! Erleichtert blickten sie hinaus in die neblige Natur — das Matterhorn war wieder nicht in Sicht, und so lotsten sie Herrn Wanderlust unverrichteter Dinge zurück nach Zermatt.

Mittlerweile hat der Mann das stolze Alter von 80 Jahren erreicht. Jeden Sommer kommt er zurück nach Kandersteg, jeden Sommer bleibt sein Vorhaben in irgendeiner «Trainingstour» stecken. Er lebt mit dieser sich ewig wiederholenden Enttäuschung, und jeden Sommer reist er ab mit der Gewissheit im Herzen, daß es im nächsten Sommer endlich soweit sein werde.

Verbissen und entschlossen steigt er zu Hause wieder täglich seinen Kirchturm empor, je nach Lust und eigenem Befinden sieben- bis zehnmal im Tag. Nichts vermag seinen unerschütterlichen Glauben an die Bezwingung des Matterhorns ins Wanken zu bringen.

Bei aller Verrücktheit bewundere ich seine enorme Ausdauer, die auch sein zunehmendes Alter nicht zu verringern vermag!

Langsam glaube ich selber daran, daß er eines lichten Tages auf dem Matterhorn stehen wird. Zwar weiß auch ich nicht, wie das in der Praxis durchführbar sein sollte, aber das ist auch nicht wichtig. Wichtig ist nur, daß er in seiner Phantasie auf seinem Kirchturm schon unzählige Matterhorngipfelerlebnisse hatte und daran glaubt, mit jedem erklommenen Treppentritt dem Matterhorn näher zu rücken.

Vielleicht würde sein Gipfeltraum, würde er ihm wirklich in Erfüllung gehen, zu einem mühsamen Erlebnis zusammenschrumpfen, wäre für ihn enttäuschend, wie alles Erreichte, Fertige es an sich hat.

Auf dem Hüttenweg

Ein Hüttenwart muß seinen Hüttenweg im Verlauf eines Sommers gar oft begehen. Sei es die Instandsetzung, die ihn dazu veranlaßt, sei es, daß etwas dringend Nötiges fehlt, oder aber man verläßt die Hütte der schlechten Witterung wegen freiwillig. Nicht selten kommt es vor, daß man schon tags darauf den Aufstieg wieder in Angriff nehmen muß, weil einem die Sonne schadenfreudig ins Gesicht strahlt oder sich eine Gruppe anmeldet, die bei jeder Witterung in die Hütte zu kommen gedenkt.

In so verschiedenen Stimmungen erlebte ich den Aufstieg in die Hütte schon und besonders intensiv in meinen Anfangszeiten als Hüttenwartin.

Wenn die Abendsonne mich auf dem Weg begleitet, die eisigen Berge rotleuchtend, auf Bewunderung erpicht dastanden, der Hüttenweg klar vor mir lag, ich von weitem die Fahnen flattern sah, trugen mich meine Füße mit Leichtigkeit der Hütte entgegen. Ich sah, wie der See zu meinen Füßen immer kleiner wurde, ich an Höhe gewann, die Berge näher rückten. Beeindruckt setzte ich mich hin, um das erhabene Naturereignis zu genießen.

Aber da gab es die zahlreichen nebligregnerischen Tage, an welchen ich auch unterwegs war, den Weg verfehlte, wo ich schimpfend über Steine kroch, genau wissend, daß diese sich sonst nicht auf dem Weg befanden, während mir das Wasser in die Schuhe floß und ich aufwärtssaftete.

Diese rauschende Stille in den Bergen, dieses Rauschen noch verstärkt zu vernehmen, wenn ich wenig und nichts sehen konnte, vermittelte mir das Gefühl, mich inmitten einer allumfassenden Wasserflut zu befinden. Da bemühte ich mich nach einer Weile erst gar nicht mehr, einen trockenen Fetzen zu retten. Naß von innen und außen, nur den Nebel in den Ohren, quälte ich mich wie ein glitschiger Frosch aufwärts. Da wurden mir selbst meine nassen Haare lästig, die wie ein vollgesogener Schwamm schwer an meinem Kopf klebten.

Durch den dichten Nebel hindurch hielt ich Steine für Menschen, die da hinterlistig auf mich lauerten, ging nur zaghaft weiter, um nicht zuletzt dem Stein einen wütenden Fußtritt zu verpassen, ihn so für sein verdächtiges Benehmen zurechtweisend! Oder plötzlich stockten meine Schritte, ich blieb wie angewurzelt stehen, lauschte mit Schrecken dem tosenden Niedergang eines abbrechenden Stücks Gletscher, hörte die polternden Eisklumpen — alleingelassen — starr vor Entsetzen, innerlich bereit für den Weltuntergang.

Angst macht aggressiv, eine Wut packte mich, eine Wut darauf, mich solcher Situation aussetzen zu müssen, während mir bei meinen zornigen Überlegungen, wie um das Maß noch voll zu machen, das Wasser eiskalt über den Rücken rann. Und manchmal kam in solch rauschender Blindheit ein Wind auf, ballte den Nebel zusammen, jagte ihn wie große, graue Wollknäuel den Hang aufwärts oder trieb ihn zurück ins Tal. Ich konnte den Hüttenweg wieder erkennen, wußte, wo ich mich befand, blieb stehen, um das kämpferische Naturereignis zu betrachten, sah, wie der Wind große Löcher in die Nebeldecke riß, die Löcher immer größer wurden, ich durch sie ins Tal blicken konnte. So entstand optische Verbindung mit dem Tal, die meine Zuversicht wieder wachsen ließ.

Aber launenhaft geht es zu und her in den Bergen. Oft kam der Nebel schon Minuten später zurück, schob sich zäh und langsam aufwärts, kein Hindernis konnte sich ihm in den Weg stellen. Er verbreitete sich wie der Qualm eines gewaltigen Großbrandes, packte die Berge ein und vergaß auch nicht den kleinsten Schlund. Ich blickte ihm entgegen, empfand ihn als eine persönliche Bedrohung, beschleunigte meine Schritte. So sehr ich mich aber auch beeilte, dem Nebel zu entkommen, er erreichte mich doch, und schon befand ich mich wieder in milchiger Finsternis.

Lange hatte ich kein Vertrauen in die Bergwelt, fühlte mich bedroht, bedroht von allen Seiten. Da glaubte ich mit einem Blick auf die Berge, die Natur in solch schwindelnder Höhe bestehe aus hartem Fels und Eis, erstarrt in alle Ewigkeit. Rückt man den Bergen aber näher, ist da so viel Bewegung. So viel Launenhaftigkeit der Natur. Ganze Felsbrocken kommen plötzlich ins Rollen, Schnee- und Eismassen donnern in die Tiefe. Da entstehen unerwartet Bäche, wo nie welche waren, und in all diesem mächtigen Schauspiel — steht der Mensch, so klein!

Immer vertrauter wurde mir unser Hüttenweg. Steine, Felsen, Sträucher wurden zu meinen Wegweisern. Ich fing an, sie zu begrüßen, ihnen Namen zu geben. So wurde der Weg für mich immer kürzer, meine Angstgefühle immer seltener. Durch eine sachlichere Beobachtung der Naturschauspiele gewann ich an Sicherheit, verlor aber nicht den Respekt, und dieser Respekt, hätten ihn alle noch, wäre schon manchem zugute gekommen.

Fritz, der Detektiv

«Hier stimmt etwas nicht!» sagte Fritz an einem samstäglichen Durcheinander, einem, wie ich es bereits in einer anderen Erzählung schilderte.

«Was stimmt hier nicht?»

«Es befinden sich mehr Leute in der Hütte, als sich bei mir angemeldet haben.»

«Wie kannst du das bei einer Anzahl von zweiundsiebzig angemeldeten Leuten sagen, und wie gedenkst du diese ‚Schwarznächtler‘ ausfindig zu machen?»

«Das laß nur meine Sorge sein, aber die werden sich noch wundern.»

Die ersten mußten um drei Uhr aufstehen. Als sie ihr Frühstück verzehrt hatten und kamen, um ihre Rechnung zu begleichen, versuchte ich mir die «bezahlten» Gesichter zu merken, gab es aber bald auf, denn das Licht war düster, und die meisten hatten ihre Gesichter bereits mit Stirnlampen entstellt, Lampen, die ihnen wie große Kerzen am Schädel klebten und allen ein ähnliches Aussehen verliehen.

Vor der Hütte begann ein großes Steigeisengefummel, es wurde angeseilt. Über den Bergkämmen graute der Morgen, und langsam verblaßten die Sterne am Himmel. Eine schöne, erwartungsvolle Atmosphäre verbreitete jeweils dieses frühmorgendliche Aufbrechen, und es wäre auch an jenem Morgen so gewesen, hätte man die Fahndung nach den Sparschweinchen außer acht gelassen.

Als der letzte der Drei-Uhr-Aufsteher die Hütte verlassen hatte, glaubte ich, Fritz würde ihm folgen, um alle draußen nachzuzählen. Dem war aber nicht so. Stattdessen nahm er erst einen «Stumpen», trat dann paffend vor die Hütte, um zu verkünden:

«So — dürfte ich die sechs Herren Bergsteiger, die noch nicht bezahlt haben, zur Kasse bitten!»

Ein Raunen ging durch die vermummten Gestalten. Jeder blickte sich suchend um.

«Spenn Cheibe — Bschiß-Hönd, blödi Affe» und noch andere charmante Titulierungen wurden hörbar, dann regte sich vorerst gar nichts. Jeder wartete.

Da — ein Mann schlug sich erinnernd mit der flachen Hand auf die Stirne, nein, auf die Stirnlampe, und fragte seinen Seilkameraden:

«Du, Rolf, hast du bezahlt?»

«Nein, ich dachte, du würdest bezahlen», gab jener mit gespielter Betroffenheit zurück. So schnallten sie ihre Steigeisen wieder ab, traten in die Hütte, um ihre Schuld mit Geld zu begleichen.

«Tut uns leid», stotterte der eine, aber Fritz ging auf seinen einsichtigen, reuevollen Ton nicht ein:

«Tut uns leid — tut uns leid, Sie brauchen erst gar nicht nach einer Ausrede zu kramen», fauchte Fritz. «Sie wollen doch nicht behaupten, daß Sie gestern abend vergessen haben, nach einer Lagernummer zu fragen, vergessen haben, sich ins Hüttenbuch einzutragen, vergessen haben, sich heute morgen abzumelden, denn bei so viel Vergeßlichkeit müßte man ja Ihre Hirnsubstanz mit der Lupe suchen!»

Betroffen standen die beiden da, bezahlten, und beschämt machten sie sich davon.

Draußen hatte sich in der Zwischenzeit nichts verändert. Alle standen angeseilt im Morgengrauen, ungeduldig, als dürften sie erst nach einem erfolgten Startschuß aufbrechen, keiner aber wollte sich mehr zu seiner Zechprellerei bekennen.

Ich befürchtete schon, an Fritz' Kontrollsystem wäre doch etwas faul. Er aber ließ sich durch das hartnäckige Schweigen nicht beirren. Da keiner sich mehr melden wollte, verlangte er von allen die Quittung zu sehen. Oh — jetzt kam Leben in die ungeduldigen Alpinisten! Zornige Empörung machte sich breit, verständlicherweise war nicht jeder bereit, seinen Rucksack wieder abzuschnallen, um nach der Quittung zu grübeln. Aufgebracht forderten nun die andern die Schuldigen auf, sich sofort zu bekennen:

«Ich will hier nicht meinen Tag verplempern»,

zischte einer gehässig, und murrend stimmten die andern ihm zu.

Unter diesem Druck erinnerte sich eine Viererseilschaft daran, nicht bezahlt zu haben. Als einer von ihnen das zugab, stieß ihm der hinter ihm Stehende mit der Faust in den Rücken. Selbst in der morgendlichen Finsternis konnte man ihre Uneinigkeit erkennen. Auch sie standen schon angeseilt und startbereit da. Der Vorderste wollte nun einfach gehen, doch der zweite blieb stehen, wurde dann vom dritten vorwärtsgestoßen, aber da wollte der vierte wieder nicht. Es war ein Hin- und Hergezerre. Sie erinnerten mich in ihrem Verhalten an die vier Hühner der Witwe Bolte von Wilhelm Busch, die nach genüßlicher Verzehrung der vier Brotstückchen mit großem Entsetzen ihrer unabänderlichen Verbundenheit gewahr wurden.

Auch die vier Bergsteiger wurden es und standen kurz darauf ertappt und verdattert vor der Küche.

«Was habt Ihr Euch eigentlich dabei gedacht — ich hätte Euch dann auf dem Galletgrat gezählt, und in der Doldenhornhütte hätte Euch die Polizei zu Eurer preiswerten Tour herzlich gratuliert!»

Die vier antworteten nicht, behaupteten statt dessen, wie um das Maß noch voll zu machen, SAC-Mitglieder zu sein, um so den höheren Übernachtungspreis der Nichtmitglieder zu umgehen. Die Ausweise allerdings, stellten sie mit Bedauern fest, hätten sie zu Hause vergessen. Sie standen da, und alle vier machten ein Gesicht wie Sparbüchsen.

Nun war das Maß wirklich voll. Fritzens Geduld erschöpfte sich sichtlich. Ein paar Wutwölkchen entstiegen seinem «Stumpen», mir kamen sie vor wie Warnschüsse:

«Etz zahlet eues Züg o machet, das dr mier us de n'Oge chemet», brüllte Fritz, und wieder stiegen Wutwolken gen Himmel. Aber immer noch waren die vier Sparbüchsen nicht willig, seiner Forderung nachzukommen. Ich fürchtete schon die erste Anbahnung von Handgreiflichkeiten, sah schon das Faustrecht sich geltend machen, denn Fritz packte den Vordersten nicht zärtlich am Kragen, schüttelte ihn, da besannen sie sich. Umständlich kramten sie nach ihren Geldbeuteln, um ihre Übernachtung zu bezahlen.

Wie vier Hühner auf der Stange hockten sie anschließend auf einem Felsvorsprung vor der Hütte, gackerten aufgeregt. Jeder war versucht, den andern für die nicht gelungene Sparmaßnahme verantwortlich zu machen. Aber schließlich und endlich hühnerten sie davon.

Mir über die vier Gesellen Gedanken zu machen, drängte sich auf. Welche geistigen Umwege müßte ich machen, um deren Psyche zu erfassen? Ist es für solche Bergkameraden ein Erfolgserlebnis, einen Hüttenwart und eine Sektion übers Ohr gehauen zu haben?

Zum Leidwesen aller Hüttenwarte sind solche Vorkommnisse keine Einzelfälle, und jeder begegnet ihnen auf seine Art. Fritz weihte mich in sein gut funktionierendes Kontrollsystem ein. Dieses nimmt sich bestechend einfach aus, aber natürlich verrate ich nichts darüber, gedenke ich doch das weitere Gelingen seiner Übernachtungskontrolle nicht zu gefährden, und würde ich es verraten, wäre es wie das Sägen an einem Ast, auf welchem man sitzt!

Der Mann, der bleiben mußte!

«Was für ein herrliches Leben Sie hier oben doch haben! Fern von Konsum, Verkehr und Gesellschaft. Die Luft so rein und klar, hier ist jeder Atemzug eine Genesung — und dann erst die Ruhe, diese Ruhe, ach, wie gerne würde auch ich einmal einen Sommer hier oben verbringen!»

So oder ähnlich äußert sich mancher Hüttenbesucher. Berauscht von der Umgebung zieht er gierig die reine Luft in seine Lungen, denkt dabei an die stickige Stadtluft und kann seine Begeisterung kaum in Worte fassen.

Ich habe Verständnis für derlei Empfindungen; denn in die Höhe zu steigen begeistert, schafft Distanz, alles wird kleiner, auch das eigene Ich, und blickt man dann in die Tiefe, ist dort wieder alles klein. So — denke ich — werden auch die eigenen Probleme kleiner, man fühlt sich über manches erhaben.

Wie dem auch sei: Sicher ist nur, daß man das Leben in solch großer Abgeschiedenheit lernen muß, man davon oft falsche Vorstellungen hat; denn jede Abwechslung muß bei einer solchen Lebensweise aus einem selber entstehen, oder es gibt keine. Im besonderen, wenn sich die Sonne tagelang nicht blicken läßt, nur dickflüssiger Nebel an den Bergen hängt, kein lebendes Wesen sich blicken läßt. Tage, an welchen der Nebel selbst am Boden dahinqualmt, bis in die Hütte vordringt, wenn man ein Fenster oder eine Tür öffnet, und wir uns vorkommen, als würden wir inmitten einer gewichtigen Wolke schwebend hausen.

Es war schon später Nachmittag, als wir einen Bergsteiger endlich vom Fründenhorn zurückkommen sahen. Er war Alleingänger, und seine übertriebene Vorsicht im Abstieg erklärten wir uns damit. Erst als er unten auf dem Fründengletscher angelangt, erkannten wir sein unregelmäßiges Gehen, sahen, wie er mühsam ein Bein hinter sich herzog. Schwerfällig schleppte er das wahrscheinlich verletzte Bein hinter sich her, als wäre es ein unnötiger Ballast. Sein Pickel, auf welchen er sich zu stützen versuchte, bot ihm nur wenig Halt. Fritz ging ihm entgegen.

Wir halfen ihm aus den Schuhen. Sein Knöchel war dick geschwollen, er seufzte auf vor Schmerzen. Wir verarzteten ihn notdürftig. Mit dem fest eingebundenen Knöchel fühlte er sich auch gleich wieder sicherer und erwog, den Abstieg ins Tal nun doch noch in Angriff zu nehmen. Fritz riet entschieden davon ab und schlug vor, die Rettungsflugwacht zu beordern. Der Verletzte äußerte sich höchst empört darüber, einer solchen Kleinigkeit wegen einen Helikopter kommen zu lassen, wollte von diesem Aufwand absolut nichts wissen. Sicher rücksichtsvoll, aber Fritz bestand darauf, erklärte ihm, daß er hier bei der Hütte problemlos abgeholt werden könnte, jedoch auf dem Hüttenweg, sollte er den Abstieg doch nicht schaffen, nur mit Schwierigkeiten und unnötigen Komplikationen. Langsam machte sich der Verletzte mit diesen Überlegungen vertraut, erklärte sich dann endlich damit einverstanden, und Fritz organisierte das Nötige.

Während der Dauer dieser Überredungen verstrich natürlich eine beachtliche Zeit. Kaum hatten wir die Versicherung, daß ein Helikopter starten werde, kam ein Nebelgeschwader daher, hartnäckig, eigenwillig, wie um das letzte Wort zu sprechen. So war es auch! Der Nebel fegte unsere Rettungspläne dahin. Der Verletzte betrachtete uns enttäuscht, beleidigt, als hätten wir ihn überlistet. Ächzend stand er auf, versuchte mit schmerzverzerrtem Gesicht ein paar Schritte zu gehen, aber das für eine Weile still gelegte Bein schmerzte ihn jetzt noch mehr, und ergeben setzte er sich wieder hin, akzeptierte seine Situation, wollte nun selber nichts mehr von seinem eigenständigen Abstieg wissen.

Als es draußen dunkel wurde und wir mit dem Mann gemeinsam assen, wurde er fröhlicher, ja gar ausgelassen. Er kam mir vor wie ein Kind, das es verstand, die Schule zu schwänzen. Er erzählte über sich und davon, wie die anderen nun morgen ohne ihn auszukommen hätten. Dieser Gedanke bereitete ihm spitzbübische Freude. Spät war es, als wir uns endlich zur Ruhe begaben, in der Hoffnung natürlich, der kommende Tag möge Flugwetter bringen. Eigentlich zweifelte keiner daran, daß dem so sein würde.

Tags darauf belehrte uns ein Blick durchs Fenster eines Besseren! Dicker Nebel. Schnee fiel leise aber beständig, es war kalt und unfreundlich. Von einem Helikopterflug konnte nicht die Rede sein, etwas bedrückt erschien unser «Gast» beim Frühstück. Er rang sich ein verkrampftes Lächeln ab und machte mit einem Blick zum Fenster hinaus die erstaunliche Feststellung, das Wetter sei nun mal nicht zu ändern.

So verbrachte er den Tag lesend, schlafend, machte einige Gehversuche rund um das Haus, kehrte aber immer schnell von seinen Ausflügen zurück, denn sein Knöchel trug so dick auf wie am Tag zuvor, auch die Schmerzen waren um nichts verringert, und vorerst ergab er sich in sein Schicksal.

Am nächsten Tag fiel immer noch Schnee, nichts hatte sich verändert. Trat man vor die Hütte, drang einem die Kälte bis in die Knochen, der Tag war an Trübheit kaum noch zu übertreffen.

Der Mann wurde von einer großen Nervosität gepackt, wußte nicht was machen. Es zog ihn aus dem Haus, die Kälte trieb ihn wieder herein. Eine große Unruhe nahm von ihm Besitz, und so ging das den ganzen Tag. Nur schwer konnte er sich auf einen Lesestoff konzentrieren. Sein hastiges, uninteressiertes Blättern in alten Zeitschriften machte seine Nervosität geradezu akustisch vernehmbar. Seine Unrast begann sich im Verlaufe des Tages auch auf mich zu übertragen. Unnötig häufig trat ich vor die Hütte, hielt Ausschau nach dem Wetter, als könnte ich es mit meinen beschwörenden Blicken beeinflussen.

Ein weiterer Tag quälte sich dahin, die Unruhe des Mannes wurde immer stärker. Meist stand er am Fenster, hielt Ausschau nach dem Wetter, und wäre ich Nebel gewesen, ich hätte mich unter seinen zwingenden Blicken in nichts aufgelöst.

Am vierten Tag wollte er wissen, wie lange unsere Holzvorräte und Nahrungsmittel reichen würden.

Die elementarsten Bedürfnisse des Menschen meldeten sich! Diesbezüglich konnte ich ihn mit gutem Gewissen beruhigen, ermahnte ihn in diesem Zusammenhang, an das Schicksal der beiden vermißten Bergsteiger zu denken, deretwegen Fritz hatte ausrücken müssen. Diese wurden nämlich seit zwei Tagen vermißt. Wenn überhaupt noch am Leben, waren sie es unter schrecklichen Bedingungen. Mit diesem Schicksal versuchte ich ihn an sein eigenes, gesichertes, behagliches Dasein in der Hütte zu erinnern. Zwar nickte er, sein Gesichtsausdruck aber zeigte mir, daß er in diesem Vergleich keineswegs Trost fand.

Aber so ist der Mensch: Das eigene Unbehagen ist ihm immer am nächsten!

In solcher Stimmung verbrachten wir drei weitere Tage, jeder neue Morgen war eine Enttäuschung, die letztlich gar keine mehr war!

Warten ist etwas Erschöpfendes, macht uns mürbe, gleichgültig. So erging es auch unserem unfreiwilligen Gast. Nach einer Woche begann er, unser Hüttenleben mit uns zu teilen. Er machte sich nützlich, trug Holz herein, so gut er es eben mit seinem verletzten Fuß vermochte, half beim Saubermachen — nahm Anteil an den kleinen Geschehnissen des Tages, verschmerzte, daß auch er an seinem Arbeitsplatz entbehrlich war. Sein sonstiges Leben verlor an Dringlichkeit, rückte etwas von ihm ab, seine aufbrecherische Hektik verdünnte sich, er wurde ruhiger, lernte mit sich selber zu leben.

Leider konnte ich mich mit ihm nicht ausführlich unterhalten, da er aus dem französischen Teil unseres Landes kam und meine Französischkenntnisse eher dürftig sind. Jedoch so viel verstand ich, plötzlich war er es, der tröstende Worte für mich fand:

«Nehmen Sie es nicht so tragisch, einen Tag mehr oder weniger warten spielt jetzt keine Rolle mehr!»

Ich selber glaubte kaum noch an eine Wetterbesserung, wagte kaum noch aus dem Fenster zu schauen, aber eines Morgens war der Nebel doch verschwunden — mehr als eine Woche hatten wir darauf gewartet. Nach lang anhaltendem Nebelwetter müssen sich meine Augen immer neu orientieren. Nach der weißen Blindheit die Umwelt endlich wieder sehen zu können, ist wie eine neue Schöpfung, wieder den Himmel betrachten zu können ein wahres Geschenk von oben!

Das Bevorstehende erfaßte den Mann nun doch mit Vorfreude. In großer Eile packte er seine Sachen zusammen und konnte die Ankunft des Helikopters kaum erwarten.

Dieser kam, hockte sich wie ein vollgefressener, exotischer Vogel mit ohrenbetäubendem Lärm vor unsere Hütte — der Mann stieg ein — winkte uns noch einmal zu — wir hörten nie wieder von ihm!

Der Abenteurer

Es war schon nach ein Uhr mittags, als die drei vom Tal herkommend zur Fründenhütte gelangten. Zwei Männer waren es und eine sehr ängstlich dreinblickende Frau. Eine Brille mit milchigen, blinden Gläsern saß auf ihrer Nase, und ihr kurz geschorenes Haar stach von ihrem Kopf ab, schien sich vor irgend etwas zu sträuben, ich weiß nicht vor was. Von hinten sah der Kopf der Frau aus wie ein Igel, stachelig, irgendwie unglücklich, und ihre Bewegungen hatten etwas Schlaksiges, Umständliches an sich.

Ihr Mann besaß dagegen eine ausgesprochene Abenteurervisage. Protzig stand er vor der Hütte, eine Hand steckte in seiner Hosentasche, die andere beschattete seine Augen. Er blickte wie ein Kapitän auf See um sich, zog seine Augenbrauen kritisch zusammen, als hätte er am Horizont soeben ein Piratenschiff erspäht, welches Ungutes im Schilde führte.

Der zweite Mann war mager und dürftig, wirkte überfordert, schon beim bloßen Hinsehen.

«Die beiden sind froh, hier oben angelangt zu sein»,

dachte ich und streifte die zwei Nicht-Abenteurer mit anteilnehmendem Blick.

«Wie lange rechnet man denn von hier übers Fründenjoch, um ins Gasterntal zu gelangen?»

So fragte der Seefahrer, und ich entgegnete beiläufig und nichts Böses ahnend:

«Sechs bis sieben Stunden muß man rechnen.»

Begeistert trommelte sich der Frager mit den Fäusten auf seinen Brustkasten, wäre mit seinem Energieüberschuß sicher am liebsten auf den nächsten Baum geklettert, vorausgesetzt, es wäre einer dagewesen. Da aber keiner da war, wählte er das Fründenjoch zum Abbau seiner überschüssigen Kraft aus und sagte aufmunternd zu den beiden anderen:

«Och — prima, das reicht ja grade noch — auf Kinder, macht euch bereit!»

Schon rupfte er hastig ein Seil aus seinem Rucksack, seine ängstlich dreinblickende Frau blickte jetzt noch ängstlicher. Doch geduldig wie ein Schaf, das zur Schlachtbank geführt wird, stand sie ächzend auf und traf ihre Vorbereitungen zum Aufbruch.

Der Leithammel band sie fest, begleitete seine «Knüppelei» mit: «So — so, zagg, zagg, so, so», und auch der Überforderte mußte herhalten, obwohl er etwas herumquengelte, nicht recht wollte. Da warf ihm der Abenteurer auch gleich mangelnden Unternehmungsgeist vor, sprach gar von lamaschigen, müden Gesellen und ließ keine Widerrede gelten.

Mir wollte das Ganze nicht recht gefallen, und ich befahl nun meinerseits: «Sie müssen mich anrufen, wenn Sie im Gasterntal angekommen sind!»

«Machen wir, machen wir. Sie haben ja auch Ihre Probleme, Ihre Verantwortung.»

«Ich hoffe, Ihre Kenntnisse sind ausreichend, um zu dieser Tageszeit noch eine solche Tour zu unternehmen?»

«Das lassen Sie mal nur meine Sorge sein», sprach's, und in diesem Einvernehmen stachen sie in See!

Die ängstliche Frau ging zwischen den beiden Männern, wurde vom Leithammel ungeduldig vorwärtsgezerrt, dann, nach einer Weile, nahm er sie gar bei der Hand. Nicht etwa fürsorglich, nein, nur um so von ihr ein anderes Schrittempo zu erzwingen. Wie eine Ziehharmonika bewegten sich die drei aufwärts. Einmal gingen sie dicht hintereinander, dann wieder weit auseinander, und manchmal sah es so aus, als würde das Aus- und Zueinandergehen an Ort und Stelle stattfinden.

Das letzte Stück aufs Fründenjoch ist steil, die Frau fürchtete sich, setzte sich oft in den Schnee, und er schleifte sie wie einen Kartoffelsack dem Fründenjoch zu. Mir graute beim Gedanken an den steilen Abstieg auf der anderen Seite.

Die mehr sitzende als gehende Frau verzögerte den Aufstieg natürlich beachtlich, die Zeit drängte, und es war schon nach sechs Uhr, als sie endlich auf dem Fründenjoch anlangten und kurz darauf dahinter verschwanden.

Nun war außer warten nichts mehr zu tun. Aber ich wartete gar nicht wirklich auf einen Telefonanruf. Ich war sicher, daß an diesem Tag keiner kommen würde. So war es denn auch. Es wurde Mitternacht. Nichts geschah!

Am frühen Morgen begann die telefonische Suche nach den drei Verschollenen, aber wir hatten keinen Erfolg. — Dicke Wolken sprachen «kein Flugwetter», so entschied Fritz, selber auf das Fründenjoch zu steigen, um nach den Vermißten Ausschau zu halten.

Es verging keine Stunde, da war er wieder zurück, schüttelte seine Mähne vor Empörung und drohte zum x-ten Mal, jetzt nie wieder auszurücken.

«Was regst du dich denn so auf, hast du die drei denn gefunden?»

«Nein, habe sie nicht gefunden, konnte sie gar nicht finden! Erst stapfte ich nichts denkend aufwärts. Dann, im steileren Stück, fielen mir als erstes die frischen, weitauseinanderliegenden Fußspuren im Schnee auf. Ich überlegte: Solch große Schritte macht auch der wackerste Wanderer nicht in so steilem Gelände. Beim genaueren Hinsehen stellte ich fest, daß die Sohlenprofile nach unten schauten. Daß die drei mit solch riesigen Schritten, und das noch rückwärts, aufs Fründenjoch stiegen, war kaum glaubhaft — ergo — die kamen gestern abend noch zurück, gingen ganz einfach an der Hütte vorbei. Aus, amen, für die war die Angelegenheit erledigt!»

Das sind schon Situationen, in welchen man nach Verantwortlichen sucht, das eigene Verantwortungsbewußtsein in Frage stellt, nicht begreifen kann, daß der andere nicht begreift. Man entscheidet, jetzt nie mehr auszurücken, genau wissend, daß man doch wieder ausrückt, auf der Suche nach Leuten, die man nicht findet, nicht finden kann, außer man würde bei ihnen zu Hause vorbei schauen, sie in ihrem Fernsehsessel aufscheuchen, vorausgesetzt natürlich, man wüßte, woher die «Verschollenen» kommen.

Dieses Beispiel ist eines für viele! Keine Nachbarshütte versäumt es je, uns die kommenden Seilschaften zu melden, damit wir nach ihnen Ausschau halten!

Woher also diese Gleichgültigkeit gegenüber einem elementaren Berglergesetz? Welche Mühe kostet es, sich schnell in der nächsten Hütte zurückzumelden?

Solche Versäumnisse bereiten uns, wie unter diesen geschilderten Umständen, sehr viel Verdruß, welcher doch so leicht zu vermeiden wäre!

Ein Geheimnis

Eine kleine, zierliche Frau, etwa an die siebzig Jahre alt, mit leicht gerötetem Gesicht, kam herein und verlangte mit leiser Stimme einen Tee.

Etwas erschöpft ließ sie sich auf einer Bank nieder und hielt die grobe Porzellantasse in ihren dürren, feinen Händen, als wäre es ein feines Teetäßchen. Zierlich trank sie den Tee in kleinen Schlücken, ihre mädchenhaften Füßchen steckten in viel zu großen «Endenfinken», ja, schwammen völlig darin, aber sittsam standen die Füßchen nebeneinander, und alles in der Hütte kam mir durch die Anwesenheit der zierlichen Frau plötzlich grob und «bolochtig» vor. Beinahe ehrfürchtig betrachtete ich sie; ihre feine, gerade Nase, ihre etwas hervorstehenden Backenknochen, ihre Gesichtszüge ließen einstige Schönheit noch deutlich erkennen. Ihre Haare waren von silbrigem Grau, fanden sich in ihrem Nacken zu einem Knoten zusammen, und als sie mich über den Tassenrand hinweg anblickte, fielen mir auch ihre lebhaften, etwas schwermütigen Augen auf. Mit beinahe trauriger Stimme sagte sie:

«Ach ja, der Hüttenweg war lang, für mich doch sehr anstrengend.»

Ich rühmte ihren Unternehmungsgeist, ihren Mut, sich so ganz allein auf eine solche Wanderung zu begeben und fragte sie dann, ob sie ihre Ferien denn unten im Tal verbringe?

Nein — sie sei heute morgen extra von Zürich gekommen, um einmal die Hütte zu besuchen. Seit mehr als dreißig Jahren habe sie das vor, hätte sich aber zuvor nie dazu entschließen können.

Ein Vorhaben mehr als dreißig Jahre mit sich herumzutragen fand ich doch sehr erstaunlich, und ich sagte:

«Dann ist Ihnen ja heute beinahe ein Jugendtraum in Erfüllung gegangen?»

Sie entgegnete nichts, blickte mich nur an, als hätte ich etwas höchst Unpassendes gesagt, schaute dann versonnen in ihre Teetasse, und ich spürte, daß die Frau sich keineswegs länger mit mir unterhalten wollte. Ich verzog mich in die Küche.

Wie lange die Frau schweigend auf ihrer Bank saß, weiß ich nicht mehr, doch dann verlangte sie einen zweiten Tee und gleich noch das Hüttenbuch von 1940. In ein Hüttenbuch tragen sich alle Hüttenbesucher und Bergsteiger ein, auch ihre Herkunft und die geplante Tour, so daß man sich, im Fall ihres Ausbleibens, an Hand ihrer Eintragung orientieren kann.

Ich versprach es sofort zu holen, verschwand in einen Nebenraum, und während ich dort alle Hüttenbücher durchsah, auf der Suche nach dem Jahr 1940, fragte ich mich natürlich nach dem Grund ihrer seltsamen Bitte.

Gefunden — legte ich es vor sie auf den Tisch, sie aber griff nicht danach, betrachtete es müde und gleichgültig, so als hätte sie gar nicht danach gefragt.

Ich verzog mich wieder, und schon bald darauf hörte ich ein eifriges Blättern. Sie blätterte vor und zurück, immer ungeduldiger, als würde sie nicht finden, was sie suchte. Das ging so eine ganze Weile, und ich wollte schon der Frau meine Hilfe anbieten, dachte, vielleicht hätte sie ihre Brille vergessen, da hörte das Blättern auf, und statt dessen begann die Frau ein Liedchen zu summen. Gespannt horchte ich auf, fand ihr Benehmen doch etwas sonderbar. Wer singt schon für sich allein in der Öffentlichkeit ein Liedchen? Mir kam es etwas eigenartig vor. «Sollte die Frau nicht mehr richtig im Kopf sein?»

Vielleicht fand nur ich es seltsam, weil ich so ganz allein mit ihr in der Hütte war. Bestimmt, sicher war es nur ihr eigener Ausdruck von Freude über Gefundenes.

Abrupt brach der Gesang ab, ich hörte, wie sie das Hüttenbuch zuschlug. Dann stand sie vor der Küche und wollte sofort ihren Tee bezahlen.

«Haben Sie denn gefunden, was Sie suchten?» wandte ich mich freundlich fragend an die Frau, aber eine unerwartet harte Stimme antwortete mir knapp:

«Nein!»

Sie schien es plötzlich sehr eilig zu haben. Mit schnellen Schritten verließ sie die Hütte, schnürte hastig ihre Schuhe, nahm ihren Stock in die Hand und machte sich unverzüglich auf den Rückweg.

Neugierig blickte ich der Frau nach, ihre Schritte waren erstaunlich schnell und sicher, mit dem Stock hieb sie mehr in die Erde, als daß sie sich darauf stützte. Je weiter sie sich entfernte, desto gespenstischer erschien mir ihre Gestalt. Ihr Körper, vornübergebeugt, wurde mit jedem Schritt krümmer und krümmer.

Durch das heftige Abwärtsschreiten löste sich ihr Haarknoten, die grauen Strähnen flatterten um ihr Haupt, was ihr ein noch wilderes Aussehen verlieh.

Ich war plötzlich froh, dass die Frau gegangen war, sie nicht mehr in der Hütte saß, ohne genau zu wissen warum. Ich wollte die Frau vergessen, machte meine Arbeit, andere Besucher kamen, und ich vergaß sie wirklich.

Erst abends, als ich den Aufenthaltsraum in Ordnung bringen wollte, sah ich das alte Hüttenbuch auf der Bank liegen. Schwarz, geheimnisvoll lag es da. Neugierig setzte ich mich hin und blätterte; «Zürich — Zürich, wer kam da 1940 aus Zürich in die Fründenhütte?»

Was die Frau gesucht hatte, fand ich nicht, konnte es nicht mehr finden, denn auf einer Buchseite war über das ganze Blatt hinweg ein Streifen herausgeschnitten! — Wie gebannt starrte ich auf die Blattlücke. Was hatte das zu bedeuten?

Jetzt fiel mir auch ihr Gesumme wieder ein, glaubte mir wenigstens das erklären zu können. Die Frau sang, damit ich das Geschnippel der Schere nicht hören sollte. Sie sang keineswegs aus Freude über Gefundenes. Daher auch ihre plötzliche Eile. Befürchtete sie meine Entdeckung? Denn solches Tun ist nicht statthaft! Aber warum tat sie das?

Welchen Sinn hatte das?

Welcher irren Eingebung war die Frau erlegen?

Welchen Reim sollte ich mir daraus machen?

Hatte sie jemanden in den Bergen verloren und wenn ja, was änderte sie mit der Entfernung seines Namens im Hüttenbuch?

Fragen über Fragen!

Lange noch blieb ich in der Dämmerung rätselnd vor dem Hüttenbuch sitzen, sah die zierliche Gestalt wieder vor mir, sah vor meinem inneren Auge, wie sie abwärtsstocherte.

Noch heute denke ich manchmal an die kleine, zierliche Frau und würde zu gerne ihr Geheimnis lüften!

Falscher Alarm

«Herrgott nochmal, was machen die denn nur eine solche Ewigkeit, wo stecken die nur?»

So stand ich rätselnd vor der Hütte, hielt Ausschau nach drei Alpinisten, blickte am Grat vom Oeschinenhorn empor, wo sie längst hätten in Erscheinung treten müssen, denn es war schon elf Uhr vormittags vorbei, und die Gesuchten wollten die Blümlisalp traversieren. Ich telefonierte mit der Blümlisalphütte, meldete eine kommende Dreierseilschaft an, eine Seilschaft, die ich nicht sehen konnte, und meine Anmeldung kam mir da schon vor wie ein Witz.

Da, kurz vor zwölf kamen sie zum Vorschein, stiegen schleichend langsam am Grat empor, sie kamen kaum vom Fleck.

«Man kann sich auch zutode sichern. Die schaffen die Blümlisalptraversierung nie, wenn die in diesem Tempo weitertuckerln», ging es mir durch den Kopf.

Ängstlich kehrte ich in die Hütte zurück und überließ die drei Bergsteiger vorerst ihrem Schicksal.

Der Tag verging, die Schatten wurden länger, die Sonne rötlicher, und es war schon halb sieben abends, als die drei endlich auf den Gipfel der Blümlisalp gelangten. Dort setzten sie sich in einer Allerweltsruhe hin, als würde die Sonne ihretwegen ihren Untergang um drei Stunden verschieben. «Die haben vielleicht Nerven!»

Ich hoffte inbrünstig, daß sie im Abstieg ein etwas schnelleres Tempo anschlagen würden, sonst konnte das kein gutes Ende finden, denn vor ihnen lagen immer noch die berühmt-berüchtigten «Platten», die schon bei Tageslicht vom Alpinisten große Konzentration erfordern, geschweige denn in blinder Finsternis.

Endlich verließen sie den Gipfel, blieben aber ihrem bisherigen Tempo, ihrem eigenen Bergsteigerstil treu. Schneckenhaft langsam krochen sie den Schneegrat hinunter, blieben dann auf einem Felskopf stehen, unmittelbar vor ihnen lagen die «Platten», und ich zitterte vor Ungeduld. Eine Ewigkeit standen sie dort, rührten sich nicht vom Fleck. Die Sonne ging unter, und da fuchtelten sie mit einer Taschenlampe in der Gegend herum.

Was hatte das zu bedeuten? Das Tageslicht erforderte noch keine künstliche Beleuchtung, vielleicht war einer der drei leidend oder konnte nicht mehr.

Gespannt wartete ich auf eindeutige Notsignale. Sie kamen nicht, und ich war sehr verunsichert, was nun weiter zu geschehen hatte.

Es war September, die Nacht rückte mit riesigen, finsteren Schritten näher, und das Wissen, daß die Dunkelheit eine Rettung nicht sonderlich begünstigte, brachte mich in einen zusätzlichen Konflikt.

Auf einmal war ich sicher, daß die sich auch mit den Notsignalen nicht auskannten, telefonierte mit Fritz, dieser mit dem Rettungschef, und alles andere ging schnell. Der Helikopter kam, schnappte die drei Wartenden vom Grat weg, und schon fünf Minuten später standen sie wieder vor unserer Hütte, an ihrem Ausgangspunkt.

Da war es an mir, mich zu schämen!

Am meisten schämte ich mich vor der Rettungsmannschaft, vor drei Menschen, die sofort ausgerückt waren, um meinem Hilferuf nachzukommen und die dann das Vergnügen hatten, drei erboste Alpinisten zurück an ihren Ausgangspunkt zu fliegen.

«Wir haben überhaupt keine Notsignale gegeben», fauchte der eine mich an, und alle drei straften mich mit zornigen Blicken, als hätte ich sie zum Weiterleben vergewaltigt!

«Warum habt Ihr dann mit der Taschenlampe in der Weltgeschichte herumgeflunkert?»

«Ach, nur so, wir dachten nicht, daß Sie davon Kenntnis nehmen würden.»

«Warum habt Ihr dann nicht wenigstens auf meine Schüsse geantwortet?»

«Wir hörten schon was knallen, dachten aber nicht, daß das uns angeht.»

Helikopterpilot, Arzt und Flughelfer waren nicht sehr über solches Benehmen erstaunt, waren wohl in dieser Hinsicht einiges gewohnt. Sie nahmen die Personalien auf und machten sich durch die Luft davon.

Ich aber wälzte mich in jener Nacht noch lange im Bett hin und her, stellte meine Rettungsidee in Frage, genau wissend, daß wenn ich nicht so gehandelt hätte, und den drei Bergsteigern wäre wirklich etwas zugestoßen, ich mir ewig Vorwürfe gemacht hätte.

Aber so wie die Dinge standen eben auch, und es blieb mir überlassen, zwischen den beiden Übeln das kleinere zu wählen.

Im Alleingang, wie Reinhold Meßner

Freitag morgen, die letzten Hüttenbesucher, die die Nacht bei uns verbrachten, waren auf dem Weg zurück ins Tal, die ersten Tagesbesucher noch nicht eingetroffen.

Vor elf Uhr erwarten wir für gewöhnlich keine Hüttenbesucher. So war ich überrascht, als die Türe aufging und ein Mann mit auffallend hagerem Gesicht und herausfordernden, stechenden Augen hereintrat.

Mit forscher Stimme verlangte er einen Kaffee. Er wolle ihn stehend schlürfen. Meiner Aufforderung, doch Platz zu nehmen, kam er nur widerwillig nach, drückte sich aber dann doch auf die vorderste Ecke der Bank und blickte gehetzt um sich. Der Schweiß rann ihm in die Augen, unwirsch wischte er ihn mit dem Hemdsärmel weg. Er kam mir vor wie ein Mensch auf der Flucht. Mit hektischen Bewegungen rührte er in seinem Kaffee, wartete voller Ungeduld auf die Abkühlung dessen, blies nervös in die Tasse hinein, stand auf, ging nervös in der Hütte umher, setzte sich dann wieder und schüttete den Kaffee gierig in sich hinein. Was sollte diese Eile, was hatte er vor, oder was hatte er hinter sich?

Eilig stand er auf, und indem er die Hütte bereits verließ, rief er mir zu:

«Das Fründenhorn scheint ja kein Problem zu sein.»

«Hei — Sie, es ist aber schon zehn Uhr, etwas spät für eine solche Tour», rief ich ihm nach.

Schnell rannte ich hinter ihm her, erinnerte ihn an sein dürftiges Schuhwerk und daran, daß bei solchen Verhältnissen Steigeisen unentbehrlich seien.

«Ich brauche Ihre Ratschläge nicht», sagte er unwirsch und ging seinen Weg.

Ich benachrichtigte Fritz, dieser kam und schrie ihm nach:

«Halt — stopp — sind Sie denn verrückt oder lebensmüde?»

Bei diesen Worten bohrte er sich mit dem Zeigefinger an der Stirne, der andere blickte zurück, machte eine wegwerfende Handbewegung, was zum Ausdruck brachte, daß er sein Leben als keineswegs bedroht sah.

So schritt er über den Gletscher einher, Spalten umgehend oder überspringend, gleich einem sorglosen Kind. Wir ließen den Mann kaum noch aus den Augen, hofften, daß ihn spätestens im steilen Einstieg die Erkenntnis der Unmöglichkeit seines Vorhabens erreiche und ihn zur Rückkehr bewege.

Nichts dergleichen!

Auf allen Vieren kraxelte er über das Schneefeld, höher und höher, zwei Schritte vor — einen zurück. Unversehrt gelangte er vom Schnee in den Fels und dort in einem Affentempo dem Firnfeld zu. Wirklich wie ein Affe klebte er am Fels, ungesichert, unvernünftig, waghalsig. Als er beim Firnfeld anlangte, tat er ein paar Schritte auf dem festgefrorenen Schnee, rutschte aus, fiel hin, stand auf und versuchte es wieder. Erst nach einigen ergebnislosen Gehversuchen machte er sich zu unserer großen Erleichterung wieder an den Abstieg.

Die Kunststücke, mit welchen er seinen Abstieg zu würzen wußte, dürfen akrobatisch genannt werden! Heil kam er zurück auf den Gletscher, und dort balancierte er sich wie ein Seiltänzer zurück in die Hütte.

Nach einer heftigen Auseinandersetzung mit Fritz

saß er erst etwas zusammengedrückt da, verkündete dann aber, die Nacht bei uns verbringen zu wollen, da er tags darauf das Doldenhorn zu bezwingen gedenke. Als Krönung seiner Offenbarung wünschte er sich von Fritz Steigeisen zu borgen, da das mit dem Eis heute doch nicht so recht klappen wollte!

Die Stille, die nach seiner Äußerung den Raum beherrschte, fiel ihm gar nicht auf. Sorglos löffelte er seine Suppe, erzählte dabei von seinen Bergerlebnissen durch die Bücher von Reinhold Meßner und pries dessen Alleingang.

Am nächsten Morgen wurde er nicht geweckt, was er beleidigt zur Kenntnis nahm. Nach hastig verschlungenem Frühstück zog er seine Schuhe an — wir atmeten auf. Wider Erwarten begab er sich aber nicht auf den Hüttenweg, sondern wieder Richtung Fründenhorn, und seine alpinistische «Darbietung» vom Vortag wiederholte sich. — Wieder ging alles gut — «die dümmsten Bauern haben die größten Kartoffeln»!

Zurück in die Hütte kam er nur, um mir mitzuteilen, er ginge jetzt ins Tal zurück, um sich selber Steigeisen zu besorgen, da er auch heute nur bis zum Firnfeld hätte vorstoßen können. Daß der Hüttenwart nicht bereit war, ihm Steigeisen zu leihen, fand er entsetzlich kleinlich, spottete seines Erachtens jedem Sinn für Gastfreundschaft. Vielleicht käme er zurück, vielleicht aber ginge er ins Wallis, da er noch das Matterhorn auf dem «Programm» hätte.

Woher kommen diese alpinen Wahnsinnsideen, welcher Wurzel entsprießt solch halsbrecherischer Mut?

Schuhe

Schuhe — ein sehr beliebtes Thema in den Bergen, besonders aktuell bei den Hüttenbesuchern. Ist ja auch verständlich, und solche die sich nur mit gutem Schuhwerk in alpines Gelände begeben, tun klug daran!

Gerne berichten mir Hüttenbesucher, welche Schuhgebilde sie auf dem Hüttenweg mit Schauder erblicken mußten, schauen dabei begeistert auf ihre eigenen, festen Bergschuhe nieder, damit auch ich diesen Unterschied wahrnehme. Selten unterlasse ich es, mich löblich über gutes Schuhwerk zu äußern.

Auch ich erblickte hier schon alle möglichen Fußbekleidungen, aber wenn das Wetter gut ist, mag das ja noch alles angehen.

Einmal aber, und ich finde das in diesem Zusammenhang erwähnenswert, kreuzten hier Schuhe auf, die sich meine Phantasie nie hätte ausdenken können. Es war schon später Herbst, wir waren im Begriff, die Hütte zu verlassen, denn es war kalt, und bereits fiel der erste Schnee. Wir waren sehr in Eile, denn unterwegs wartete ein Schaf auf uns, das ein Bein gebrochen hatte und welches wir zum Oeschinensee hinuntertragen mußten. Schnell wollten wir weg, bevor der Schnee alles noch schwieriger gestaltete.

Da schneuzte eine ganze Familie durch die Hüttentür, ein Ehepaar mit zwei Kindern, das kleinere der beiden etwa 5 Jahre alt.

Fritz und ich rissen die Augen auf, erstaunt, entsetzt, um diese Jahreszeit hätten wir eher noch den Engel Gabriel als einen Hüttenbesucher erwartet, geschweige denn eine ganze Familie.

Bei näherem Hinsehen staunten wir noch mehr. Der

kleinere der beiden Jungen trug saftende Turnschuhe, aus welchen das Wasser seitlich herausquoll, der ältere eine Art Fussballschuhe, der Vater seine Hochzeitsschuhe — jedenfalls aalglatte Halbschuhe — und die Mutter, ja die Mutter, die sparte an sich selber am meisten! Sie trug aus zartem Bast geflochtene Strandschuhe, die natürlich im Aufstieg ordentlich gelitten hatten und sehr verfranst aussahen.

Wir waren schlichtweg entsetzt!

Das erste war, wir mußten wieder Feuer machen, um der völlig durchnäßten Familie neuen Mut zu geben. Wir hängten sämtliche Socken und Schuhe über den Ofen zum Trocknen, und mit nackten Füßen und hochgekrempelten Hosen hockte die Familie da, wie Schiffbrüchige in unserer winterlichen Hütte.

Trotz dem Ernst der Lage brachte mich dieser Anblick doch zum Lachen, und ich dachte:

«Die müssen sich ja schrecklich auf der Landkarte vertan haben!»

Wie aber sollte das nun weiter gehen?

Der immer dichter fallende Schnee verbesserte unsere Abstiegsbedingungen keineswegs, wir drängten zum Aufbruch. Die Frau weinte, als sie vernehmen mußte, daß nur derselbe Weg, den sie gekommen waren, sie wieder ins Tal zurück führen würde. Aber da wurde sie von ihrem Mann in grober Art zurechtgewiesen. Auch er hatte Angst, das spürte ich deutlich. Betroffen schielte er zu seinen schwarzen, baumelnden Halbschuhen hin, wollte nicht wahrhaben, daß diese wirklich die seinen waren. Nur die beiden Kinder glaubten noch an eine Zukunft und plapperten etwas von Skifahren!

Wir versprachen, sie auf dem Abstieg zu begleiten,

sie schöpften neuen Mut, schlüpften in ihre feuchtwarmen Socken, quietschend in die noch feuchteren Schuhe, was wir an Jacken zusammensuchen konnten, wurde der Familie übergestülpt, das alles, obwohl wir eine große Wut hatten auf diese Eltern in Anbetracht von so viel Unvernunft.

Dann brachen wir auf.

Fritz hatte einen gewichtigen Rucksack zu tragen, dazu sein Alphorn, und mir oblag es, das kleinere Kind zu schultern. Anfangs ging das ganz gut mit dem Kind auf meinem Rücken, sicher und langsam rückten wir abwärts, aber — o Schreck — der Junge wurde schwerer und schwerer, und bald schon spürte ich meine Knie unter den Ellbogen. Zentnerschwer wurde meine Last, mir zitterten die Knie, und ich war froh, als wir endlich vom Schnee in den Regen kamen, meine Tritte sicherer wurden, der Hüttenweg flacher.

Fritz fand das Schaf, schlug sich dieses wie eine Pelzstola um den Nacken, und so schritt er uns voran. Ich folgte mit dem geschulterten Kind, hinter mir die drei anderen in ihren viel zu grossen oder viel zu kleinen Jacken. Wir boten ein trauriges Bild, ein jämmerlicher Alpabzug, sahen aus wie Flüchtlinge, die vor einem Angriff in Eile noch schnappten, was ihnen wichtig schien und dann die Heimat für immer verließen.

Ich schwebte völlig über dem Boden, als ich das Kind endlich absetzen konnte, so leicht war mir. Der Hüttenweg bot nun keine Gefahr mehr, wir waren in Sicherheit. Verdrückt verabschiedete sich die Familie von uns.

Zwei Tage später begegnete ich der Familie unten im Dorf wieder, das heißt, ich begegnete ihnen eigentlich nicht, denn als sie mich erspähten, blickten sie schnell in ein Schaufenster. Nur der kleine Knirps wollte mir wiedererkennend zuwinken, wurde aber sofort von seiner Mutter herumgewirbelt, und gehorsam glotzte auch er ins Schaufenster!

«So lange Eltern nach begangenen Fehlern auf diese Weise reagieren, haben Irrtümer einen fruchtbaren Boden, wird sich die Welt nicht ändern», ging es mir durch den Sinn.

Der Abstieg

Hier, auf einer Höhe von 2652 Metern, überleben die Menschen mit ihren eigenen angeschleppten Hilfsmitteln und dann vor allem Steine!

Wir fristen fürwahr ein steinreiches Dasein!

Auf einem großen Felsen thront die Hütte wie ein Krönchen auf einem riesigen Steinschädel. Vor der Hütte, auf Talseite, ist eine kleine Steinwüste. Eckige, kahle Felsbrocken liegen da, haben nichts zu tun und keine Verwendung mehr. Einst wurden sie zum Hüttenbau benötigt, daher haben einige auch unnatürliche Formen und Gestalten. Die einen sehen aus wie geköpft, andere auf ihre Art unvollendet. Die Hütte, aus diesem Stein erbaut, wirkt in dem Steinhaufen selber wie ein großer Felsen und unterscheidet sich für den Betrachter im wesentlichen nur durch die rot-weißen Fensterläden.

Hinter der Hütte drückt der Fründengletscher bis an den Felsen heran, auf dem sich die Hütte befindet. Anfangs Sommer ist dieser Gletscher von blühendem, unbeflecktem Weiß. Wenn die Tage dann wärmer werden, und besonders durch die ersten Gewitter, verfärbt er sich zusehends. Dunkle Streifen werden sichtbar, sehen anfangs aus wie Radspuren, geheimnisvolle Karrenspuren entpuppen sich dann als Gletscherspalte und stürzen krachend ein. Oft, nach einem nächtlichen Gewitter, sieht es des Morgens aus, als hätte jemand mit einem riesigen Beil dem Gletscher klaffende Wunden verpaßt.

Da der Gletscher so nahe an die Hütte herankommt, können nicht alle Hüttenbesucher der Versuchung widerstehen unangeseilt darüber hinweg zu tappen. Meistens geht es gut, oder aber sie sacken ab, und wenn sie Glück haben, bleiben sie stecken wie eine Kerze im Kuchen und schreien mörderisch.

Fritz rückt aus, um sie von ihrem unfreiwilligen Kerzendasein zu befreien. Sicher ist es die erste und letzte Gletschererfahrung für den Betroffenen.

Nur ein paar blassrote, ein paar dünngesäte weisse Blümchen behaupten auf dieser Höhe noch hartnäckig ihre Existenz. Eingeklemmt in Felsritzen, strecken sie ihre Köpfchen der Sonne entgegen, falls eine da ist, dann ein paar vereinzelte, armselige grün-gelbe Grasbüschel, die zwischen den Steinen wachsen und verfilzt aussehen. Dafür aber wächst hier Moos, auch wenig, aber so grün, wie ich es noch nirgends zuvor gesehen habe. Es ist von so stechendem, leuchtendem Grün, daß es mir vorkommt, als wollte uns das Moos mit seiner intensiven Farbe für das spärliche Vorkommen anderer Pflanzen entschädigen.

So sind graue Steine, grauer Schnee unsere sommerliche Umgebung. Grau in Grau, während unten im Tal alles blüht und grünt.

Was für ein Erlebnis ist es doch für mich, nach wochenlangem Hüttenleben mit meinen ausgehungerten Augen ins Tal hinunter zu steigen. Je mehr ich an Höhe verliere, desto üppiger wird das Wachstum. Gierig nehmen meine Augen beinahe jeden Grashalm wahr — ich habe Sehnsucht nach grünem Gras, wie eine Kuh! Wenn ich den Hüttenweg beinahe hinter mir habe, fast unten am Oeschinensee angelangt bin, tauche ich dort ein in ein kleines Wäldchen. Äste mit dickem Blattwerk schlagen über meinem Kopf zusammen, verbreiten ein grünes Licht, so leuchtend, daß ich für einen Augenblick stehen bleiben muß, die würzige Waldluft einatme, schnell einen Grasbüschel abrupfe, um etwas Handfestes zu haben, aus Angst, das Ganze löse sich als ein Spuk auf, und ich befände mich wieder in steiniger Einsamkeit.

Durch die wochenlange Entbehrung entdecke ich neu, was der Boden an Leben spendet, stehe ehrfürchtig vor Blumen, Sträuchern und Bäumen und freue mich an all dem Wunderbaren.

Im Herbst, wenn wir die Hütte zum letzten Mal verlassen, blicke ich beim Abstieg noch einmal zurück. Die verrammelten Fensterladen wirken wie geschlossene Augen. Die Hütte begibt sich in den Winterschlaf. Einsam, verlassen steht sie im Schneegestöber, und man sieht ihr das Warten auf den nächsten Sommer an.

Ich aber hoffe immer, Schnee und Winter mögen im Tal unten noch lange auf sich warten lassen; denn nach den pflanzenkargen Monaten bin ich noch voller Erwartung an die Natur und lebe schon im Verlauf des Sommers oft von der Vorfreude auf den bunten Herbst und daß auch ich daran teilhaben werde. Ich freue mich auf die Wälder, auf die gemähten Wiesen,

auf die Herbstblumen in den Gärten, auf die kristall-
klaren Tage, die nur der Herbst mit sich bringt.

Ich freue mich darauf, durch die Wälder streifen zu
können, den bitteren Waldgeruch einzuatmen, auf die
goldbraunen Blätter, die zu Boden fallen, sich schüt-
zend um die Bäume legen und auf das Laub, das lustig
unter meinen Füßen raschelt.

Ein schöner Herbst entschädigt mich für mein
«steinreiches» Leben im Sommer, und ich bin dankbar
für jeden Tag, an welchem der Schnee noch nicht alles
in seinen weißen Besitz genommen hat.

Gedanken zum eigenen Buch

Jenen auf Sensation Erpichten werde ich mit meinen Erzählungen nicht gerecht. Denen, die nach Bergunfällen keine Hemmungen haben, hier bei uns anzurufen, um den genauen Unfallhergang in Erfahrung zu bringen, ebenfalls nicht. Ich schreibe nichts darüber! Die Zeitungen besorgen das zur Genüge und auch, weil ich keine Worte finde für die tragischen Ausgänge jener frohgemut in Angriff genommenen Bergtouren.

Vielleicht vermitteln die Erzählungen beim einen oder anderen Leser auch den Eindruck, wir hätten es hier nur mit Absonderlichkeiten zu tun.

Das stimmt natürlich nicht. Viele rücksichtsvolle Berggänger besuchen uns im Verlauf eines Sommers. Es sind jene, die nicht mit schmutzigen Bergschuhen in die Hütte trampeln, geduldig auf heißes Wasser warten, nicht auf ihre eigene Wurst beharren, der manchmal mangelnden Geduld des Hüttenwarts mit Verständnis begegnen, bei Platzmangel einsichtig zusammenrücken, sei es im Schlaf- oder Aufenthaltsraum, nach verzehrtem Essen unaufgefordert Platz für die anderen machen. Es sind jene, die die vorhandenen Toiletten auch benutzen und nicht einfach vor die Hütte pinkeln, so daß uns die Urindämpfe beim ersten Sonnenstrahl bis in die Küche verfolgen und man sich vor jedem Hüttenbesucher für den Gestank schämen muß.

Jene, die sich vor ihrem Aufstieg beim Hüttenwart bedanken, eine warme und saubere Hütte zu schätzen wußten und vielleicht erahnen, was es heißt, einen ganzen Sommer in solch karger, einsamer Umgebung zu verbringen.

Ihnen allen sei gedankt, für diese sind wir hier in der Hütte. Sie sind die immer willkommenen Gäste, für welche man Unangenehmes und Entbehrungen gerne auf sich nimmt, in der Hoffnung, daß angenehme Alpinisten sich vermehren!

Inhalt